中等职业教育一体化教学改革教材

# 现代企业班组管理基础

主编　王晓玲
参编　陈　晶　孙　澜　徐陶冶　徐　馥　李丹阳
主审　梁东晓

机械工业出版社

本教材是在总结中等职业教育教学和教改实践经验的基础上，根据中等职业教育教学改革的总体要求和现代企业管理的主要要素编写的。其主要内容包括：班组的组织与班组长、班组目标与计划管理、班组生产管理、班组安全生产管理、质量管理、班组成本管理、班组设备与工具管理、班组文明生产管理和班组建设等。

本教材适合于中等职业学校师生使用，也可供企业生产人员和基层管理人员参考。

**图书在版编目（CIP）数据**

现代企业班组管理基础/王晓玲主编．—北京：机械工业出版社，2012.4（2021.8 重印）

中等职业教育一体化教学改革教材

ISBN 978-7-111-37816-7

Ⅰ．①现…　Ⅱ．①王…　Ⅲ．①企业管理：班组管理－中等专业学校－教材　Ⅳ．①F273

中国版本图书馆 CIP 数据核字（2012）第 052000 号

机械工业出版社（北京市百万庄大街 22 号　邮政编码 100037）

策划编辑：荆宏智　王晓洁　责任编辑：荆宏智　王晓洁　宋亚东

版式设计：刘　岚　责任校对：李锦莉

责任印制：乔　宇

北京中科印刷有限公司印刷

2021 年 8 月第 1 版·第 3 次印刷

184mm×260mm·6.25 印张·148 千字

5 001—5 500 册

标准书号：ISBN 978-7-111-37816-7

定价：25.00 元

| 电话服务 | 网络服务 |
| --- | --- |
| 客服电话：010-88361066 | 机　工　官　网：www.cmpbook.com |
| 010-88379833 | 机　工　官　博：weibo.com/cmp1952 |
| 010-68326294 | 金　　书　　网：www.golden-book.com |
| **封底无防伪标均为盗版** | 机工教育服务网：www.cmpedu.com |

# 序

近几年，国家大力发展职业教育，在借鉴和总结国内外职业教育课程开发理念和实践案例的基础上，积极推行职业教育课程改革，以改变传统的学科型课程模式和传授式教学方法，开发符合职业成长规律的新的课程体系，推动职业教育教学改革向纵深发展，满足经济发展对技能型人才的需要。

根据教育部、人力资源和社会保障部教学改革的精神，各个职业学校的职业教育教学改革开展得如火如荼，相继出现了模块式、项目导向式、任务驱动式、基于工作过程等教学模式，但实质都是理论和实践相结合的一体化教学模式。

抓好一体化教学的课程体系改革，就能使职业学校培养的学生进入工作岗位后比较顺利地完成角色转换，快速适应岗位工作要求，从而从根本上提高职业学校的教学质量和人才培养质量。

为适应这一形势的需要，我们在了解相关企业专家、人力资源管理者对技能人才要求的基础上，吸纳部分学校教学改革的成果，组织有多年教学改革实践经验的职业学校的骨干教师，编写了这套《中等职业教育一体化教学改革教材》，供中等职业学校教学使用。

本套教材具有以下特色：

**1. 突出了职业教育的“职业性”**

课程体系的构建以《国家职业技能标准》为依据，以综合职业能力培养为目标，并围绕职业活动中每项工作任务的技能和知识点，突出实用性和针对性，力求使教材内容涵盖有关国家职业标准的知识和技能要求。

**2. 课程设置适应“工学结合”模式**

为适应“工学结合、校企合作”的新模式，我们在征求了相关企业意见的基础上，设置了《企业生产实习指导》、《现代企业班组管理基础》，在设计课题时考虑了其实用性，以实现能力培养与工作岗位对接合一、实习实训与顶岗工作学做合一。

**3. 围绕课程内容构建教学单元模块**

教材吸收和借鉴了各地教学改革的成功经验，围绕专业培养目标和课程内容，构建知识、技能紧密关联的教学单元模块，使教材内容更加符合学生的认知规律，以激发学生的学习兴趣。

**4. 实现理论教学与技能教学一体化**

模块中的每个课题都有明确的训练目标，并针对各自的目标整合相应的理论和技能内容，以实现理论教学与技能教学一体化。在每个课题后还设置了相应的思考题，以检验学生对相关知识与技能的掌握情况。

**5. 图文并茂，提高了教材的可读性**

教材内容力求图文并茂，将各个知识点和技能要点以实物和图片的形式展示出来，从而提高了教材的可读性和亲和力。

实施一体化的教学课程体系改革是个长远而艰巨的任务，目前全国一体化教学改革尚处在起步阶段，本套教材的编写只是部分学校在这方面初步探索的成果总结，我们衷心希望这套教材的出版能在一体化教学改革中发挥积极作用，并得到各职业学校师生的喜爱，同时也希望通过学校师生的实践不断得到改进、完善和提高。在此诚恳希望从事职业教育的专家和广大读者不吝赐教，提出批评指正意见。

**中等职业教育一体化教学改革教材编委会**

# 前　言

21世纪以来，我国企业的经营环境发生了深刻变革，企业要生存和发展，就必须优化现场要素，强化质量管理，加强标准化作业和现场生产过程控制。面对激烈的市场竞争，企业必须紧抓基层，优化企业班组管理要素配置，提高企业活力。同时，应不断加强企业管理，改变管理模式，提高管理水平。要实现这些目标，首先应加强班组管理建设。班组是企业中最小的组织单位，也是企业中最重要的组成部分，班组工作能否做好，决定着企业能否健康生存和发展，直接影响着企业的整体实力。所以，企业要永葆生机和活力，就应认认真真做好班组的各项管理工作，把班组管理作为企业管理的重中之重。这就需要企业运用科学的管理思想和管理手段，对人（操作者和管理者）、机（设备）、料（原材料）、法（工艺、检测方法）、环（环境）、资（资金）、能（能源）、信（信息）等生产要素进行合理的配置和优化组合，通过计划、组织、控制、协调、激励等管理职能，实现优质、高效、低能、均衡、安全文明的生产。为了提高企业班组的管理水平，提升企业的核心竞争力，特编写了本教材。

本教材是根据中等职业教育教学改革的总体要求和现代企业管理的关键要素，遵循实用、够用的编写原则，结合我国中等职业教育的教学特色和学生的共性特点编写的。根据我国企业管理的实际情况，本教材注重企业管理理论与现场管理实际的有机结合，力求易读易懂，便于掌握。此外，本教材在编写过程中吸取和采纳了企业生产人员和基层管理人员的意见和建议，使其更具可读性和实用性。每章末附有能力训练，便于读者自查自测。

本教材由王晓玲主编，陈晶、孙澜、徐陶冶、徐馥、李丹阳参加编写，由梁东晓主审。

限于编者水平有限，书中不足之处在所难免，敬请广大读者批评指正。

编　者

# 目　　录

# 第一章 概 论

**学习目标**

1. 了解工业企业管理的作用及其相关体系。
2. 掌握现代企业的管理特点。

## 第一节 工业企业的概念

### 一、基本概念

工业企业是在社会生产力发展到一定程度，随着商品经济的发展而产生和发展起来的，为适应社会化大生产的需求，运用科学技术从事工业生产，为社会经济提供工业产品的经济组织形式。

### 二、工业企业的基本特点

1）工业企业为社会经济提供工业产品。

2）工业企业是社会经济最基本的经济细胞，是市场经济的主要组成部分，是以工业生产的方式，实现赚取利润的根本目的。

3）工业企业实行独立核算、自负盈亏，拥有生产经营自主权。

4）工业企业是基本纳税单位。

5）工业企业由工地、劳动力、资本、技术、设备、信息和管理七方面基本要素组成一个生产实体。

## 第二节 工业企业管理的作用和体系

### 一、工业企业管理的基本概念

管理是人类生产和社会活动中普遍存在的社会现象。管理是为达到一定的目的而调控人的行为和综合运用人力、物力、财力和信息资源的一种能力。管理广泛存在于人们的社会生产生活中，管理是人类共同活动的必备条件。

工业企业管理是对工业企业而言的一系列管理活动，是综合运用各种管理方法和手段，以有效地利用人力、物力、财力和信息资源，从而实现生产工业产品，盈取利润的目标。

### 二、工业企业管理的职能和作用

1. 工业企业管理的基本职能

工业企业管理的基本职能主要有四大项，即：计划、组织、领导、控制。

（1）计划职能　主要是制订工业企业的发展长远目标和短期发展目标；制订工业企业的发展战略，以及涉及到发展目标的各项目标体系。

（2）组织职能　主要是依据发展目标、发展战略，以及各项目标体系，确定具体的工作目标，明确做什么，如何做以及谁来做。

（3）领导职能　主要是指导和激励相关人员，按照已明确的工作任务和分工努力工作，并解决和协调工作中出现的矛盾和问题。

（4）控制职能　主要是规范各方面的组织活动，保证各项工作按计划完成。

2. 工业企业管理的主要作用

工业企业管理的主要作用有三个方面。

1）工业企业管理主要是运用各种有效的管理方法和手段保证工业企业生产劳动的顺利进行，以保证生产制造出各种工业社会生产和生活需要的合格的产品。

2）适应社会需求和科学技术发展的需要，通过管理提高企业的技术水平，促进生产发展，提高企业的经济效益。

3）提高工业企业的管理水平，不断改进和采用科学的、现代的管理方法，创新管理特色，发展企业文化，树立企业形象，提高企业竞争力，保证企业发展壮大。

**三、工业企业管理的体系**

工业企业管理是一个系统的完整体系，具体可分为如下几个方面：

1. 目标与计划管理

（1）工业企业目标的内容　工业企业的基本目标主要有：市场方面目标，产品系列和质量方面的目标，管理模式及水平发展方面的目标，技术改造和发展方面的目标，提高生产力和竞争力方面的目标，物质和资金资源方面的目标，利润方面的目标，人力资源方面的目标等。

（2）工业企业目标与计划的关系　工业企业目标是企业一切生产经营活动的阶段性目标和长远目标的统一体系。根据这一目标体系，制订相应的计划体系，两个体系是相互关联的。

2. 生产经营管理

工业企业的生产经营管理主要包括以下几方面内容：

（1）生产和技术方面的管理

1）技术管理。技术管理主要是指进行技术改造，采用新技术、新工艺、新材料，提高工业企业的技术水平，搞好技术信息的利用，完善技术标准，提高常规的工艺和技术档案管理水平。

2）生产管理。生产管理一般广义理解为对工业企业生产的全过程，包括原材料的准备、产品的加工制造、质量的监控、生产数量和加工工期的保证和生产成本的控制等方面。

3）质量管理。质量管理主要是指对产品质量的全面管理，包括产品质量、工序质量和工作质量。

4）设备管理。设备管理主要是指对设备的合理使用和全面维护保养，也包括对相关生产工具的供应、制造、使用、保管、维修，保养等内容。

5）绩效考核。绩效考核主要是指与劳动工资报酬相关的工作业绩等项指标的考察与核定，其中一般包括定员、定额、劳保、薪酬等内容。

（2）物质供应和产品销售方面的管理

1）物质供应管理。物质供应管理主要包括各种物资需求品种、数量以及采购价格的确定，各种物资消耗定额和储备定额的制订，编制物资的采购和供应计划以及各种物资的采购、运输、保管和使用的全过程，包括节约和修旧利废等方面。

2）销售管理。销售管理主要包括产品的保管运输、销售渠道和销售网络的建立和扩展、市场调查和售后服务等方面内容。

（3）财务和成本管理 财务和成本管理主要包括生产资金筹措、固定资产和流动资金管理、成本的控制、利润管理、财务收支计划以及经济核算等内容。

3. 人力资源管理

人力资源是一个企业对其拥有劳动能力的人们的总称。包括人力资源的配备、人力资源的培训和保护等项内容。

4. 企业信息化管理

企业信息化管理主要指企业利用现代信息管理技术，合理利用网络、计算机等现代化管理手段，合理开发和利用信息资源，全面提升企业的现代化管理水平。

5. 企业的形象管理

企业形象管理主要指社会公众对企业的整体看法和评价。

## 第三节 现代企业管理概述

随着社会经济的发展和科学技术的进步，企业也必然发展和变化，以适应时代的发展要求。现代企业可以理解为是适应现代化建设需要的企业，是具有时代特点的企业。这里着重介绍现代企业的基本特点、现代企业制度的基本概念和现代企业管理的基本概念。

### 一、现代企业的基本特点

现代企业是在社会经济全球化、信息化的背景下，为适应社会化大生产的需要，运用现代科学技术和先进的管理理念，进行管理和生产经营活动的新型经济组织形式。现代企业的基本特点：

1）现代企业具有独立的法人地位。

2）现代企业是市场经济的主体，一切企业经济活动以赢利为目的，这是现代企业的本质特征。

3）现代企业必须运用现代科学技术和管理技术，拥有较高综合素质的员工队伍。

### 二、现代企业制度的基本概念

现代企业制度是指以企业产权制度为基础和核心的企业组织和管理制度。构成现代企业制度的基本内容有三个方面：

1. 现代企业的产权制度

产权是指企业的财产权，包括所有权、占有权、使用权和支配权等。产权制度是明确企业财产归谁所有、由谁使用、如何分配等问题的一系列制度的总称。产权制度明晰是现代企业制度的必备条件，为企业进行市场竞争、自主经营和自负盈亏奠定了基础。

2. 现代企业的组织制度

它规定了企业的组织指挥体系，明确了部门与部门和人与人之间的分工协作关系，规定了各部门的职权、职责。现代企业的组织制度权限和责任分明，为企业的有效运行提供了组织保障。

3. 现代企业的管理制度

一般包括管理人员、管理组织、管理方法、管理手段等一系列涉及到管理的制度的总和，是一个制度体系。现代企业的管理制度科学合理，利于执行，为企业的依法经营，规范管理提供了制度保障。

## 三、现代企业管理的基本概念

现代企业管理的基本概念主要有以下五个方面：

1. 以市场需求为导向

以市场的需求变化为依据，引导企业的运营方向，是这一理念的核心。

2. 以优质服务为前提

企业要满足需求者的服务要求，主动认真的提供需求者满意的优质服务。

3. 以合法竞争为手段

在市场经济的条件下，合法竞争是企业生产发展的重要手段。竞争是在法律允许的范围内进行，要提高企业的竞争力和生命力，就必须开拓创新，根据市场环境的变化开拓新的市场，创新经营模式，锐意进取，保持在市场竞争中企业不断发展壮大。

4. 以人力资源为保障

人力资源的含义是，一个社会所拥有的具有智力劳动能力和体力劳动能力的人们的总称。人力资源管理的含义是，一个组织对人力资源的获取、维护、激励、运用、培训与发展的全过程与活动。

随着现代化社会的进步和科学技术的不断发展，人力资源的理念应运而生。越来越多的人们认识到人力资源的重要性，越来越多的企业认识到人力资源是企业最宝贵的资源和财富。

5. 经济效益为根本

经济效益的理念是指企业充分、有效地利用所有资源，生产更好的产品，满足市场的需求，为企业获取更多的利润。

盈利是企业生产和经营的根本目的，经济效益是企业的核心目标，贯穿于企业生产运营的全过程。

## 能力训练

一、填空题

1. 工业企业是在________发展到一定程度，随着________的发展而产生和发展起来的经济组织形式。

2. 管理是为达到一定的目的而调控人的行为和综合运用________、________、________和________的一种能力。

3. 工业企业管理的基本职能主要有四大项，即：________、________、________、________。

4. 工业企业目标是企业一切生产经营活动的________和________的统一体系。

5. 现代企业的管理制度，一般包括________、________、________、________等一系列涉及到管理的制度的总和，是一个制度体系。

二、判断题

1. 现代企业具有非独立的法人地位。（　　）

2. 以市场的需求变化为依据，引导企业的运营方向，是这一理念的核心。（　）

3. 现代企业的管理制度科学合理，利于执行，为企业的依法经营，规范管理提供了制度保障。（　）

4. 现代企业运用现代科学技术和管理技术，这样可以降低对员工素质的要求。（　）

5. 企业形象管理主要指社会公众对企业的整体看法和评价。（　）

三、简答题

1. 现代企业的基本特点有哪些？

2. 现代企业管理的基本概念主要有哪几个方面？

# 第二章　班组的组织与班组长

**学习目标**

1. 理解班组的概念，掌握班组的组织形式。
2. 理解班组长的职责、任务及对班组长素质的要求。

## 第一节　班组的组织形式

**一、班组的基本概念**

班组是企业依据其生产运营的特点，把生产运营的一线工人按生产运营的要求而组成的最直接的、最基层的生产运营组织。由于各类企业生产产品的不同和运营方式的区别，在生产劳动合理分工的基础上，把生产运营过程中相互协作、密切配合的同工种工人、相近工种工人或不同工种工人编组在一起，形成一个从事生产运营的组织。这种组织，通常工业企业称之为企业班组或生产班组。

工业企业根据生产运营过程的需要，可把班组划分为生产班组、辅助生产班组和后勤服务班组等。这些班组的任务、规模、人员配备都各不相同，在企业的生产运营过程中发挥不同的作用。

**二、班组的地位和作用**

班组是企业组织体系中的基本细胞，是企业最基本的、最基层的、不可细分的生产运营组织。在企业组织体系中，班组的地位可视为是企业的“基石”，“基石不牢，企业动摇”体现了班组工作在企业生存发展中的重要作用。

在工业企业管理和发展实践中，人们越来越重视班组的建设和管理。

**三、班组的组织形式**

在工业企业中，班组一般是按照工艺专业化和产品专业化两种形式组建的。

（1）工艺专业化的班组　工艺专业化的班组形式是把同类型的工艺设备和同种技能的工人集中在一起，对产品进行相同的工艺加工的生产组织方法。这样的班组一般只能完成一道或几道工序，对加工工艺单一的产品能完成全部加工工艺，对加工工艺复杂的产品不能完成全部的加工工序。

工艺专业化的班组人员是由同一工种的工人组成的，比如企业里的车工班组、钳工班组、电工班组、焊工班组等。

（2）产品专业化的班组　产品专业化的班组形式是按照生产某种产品或零部件的需要，集中不同工种的技术工人，对同一加工对象进行不同的工艺加工的生产组织方法。

产品专业化的班组人员是由不同工种的工人组成的。比如机修班、钻井班和井下作业班等。

## 第二节　班组的建立

### 一、班组的建立

组建班组一般应包括确定班组的形式、确定班组的定员和选员、选择班组长这几个主要方面。

班组的形式有工艺专业化班组和产品专业化班组两种。应根据企业的工艺特点以及权衡不同形式的班组的管理方面的优缺点来确定班组的组织形式。

工艺专业化的班组的管理优点是：由于班组是由同一工种的技术工人组成，生产工序单一，便于班组长在加工技术、加工质量方面进行管理；便于对工人进行技术指导和工作检查；便于班组人员的管理和绩效考核；便于适应产品的更新换代。其缺点是：每个产品的生产要经过多个班组的多工序加工，不可能由一个班组单独完成，造成加工过程环节多，生产加工时间长。

产品专业化的班组的管理优点是：多工种工人共同配合，有可能在一个班组中加工一个完整的产品或部件，提高加工时效；便于培养综合型技术人才。其缺点是，班组人员不便于技术交流；对班组管理的难度加大；对班组长的综合素质要求较高。

总之，确定一个企业班组形式，要从企业的实际出发，不能强求一致。有很多企业，既有工艺专业化形式的班组，又有产品专业化形式的班组。

### 二、班组的定员

班组的定员通常叫劳动定员，就是确定班组在人员安排方面的数量界限。

在班组定员的基础上，要依据定员具体选配班组成员。在选配班组成员时，要依据班组的组织形式要求，依据企业的生产特点，产品的技术特点，班组设备的实际情况，选配技能结构、素质结构和年龄结构合理的班组成员。

### 三、选择班组长

班组是企业最基层的生产加工组织，班组长是这一组织的组织者和负责人，要带领和组织班组成员共同完成班组承担的生产加工任务和其他工作任务，班组长的工作和影响是非常重要的。班组长要素质好、技能好，会管理。班组长一方面是生产加工的直接操作者，另一方面还是生产加工的最直接、最一线、最基层的组织者，班组长的带头和表率作用是至关重要的。说得好，不如干得好，要求班组成员做到的，班组长首先要做到班组长应成为班组成员各方面的榜样，榜样的作用是最有说服力的。

## 第三节　班　组　长

### 一、班组长的主要职责

班组长的主要职责有两个主要方面：

1. 班组生产管理

生产管理主要包括安排生产加工任务、改善生产加工环境、保证生产加工质量、控制生产加工成本、保养与维护生产加工设备等。

2. 班组人员管理

班组人员管理主要包括员工加工任务分配、目标业绩考核、员工劳动保护、安全卫生、工作福利、技术技能培训、员工思想建设和团队建设等。

## 二、班组长的作用

班组是企业的“细胞”，班组管理是企业管理的基础。在企业管理中，班组长的主要作用有三方面：

1）班组长的管理水平高低，直接影响着企业的管理水平，影响企业目标的最终实现。

2）从企业管理层的角度看，班组长是企业最基层的管理人员，班组长是员工和上级管理者之间的工作纽带与联系的桥梁，在工作上起着承上启下的作用。在班组这一团队中，班组长是管理者与领导者。

3）班组长是生产加工的直接组织者和参加者，班组长不仅仅是管理者，还必须是生产骨干、技术能手，为员工起到表率和榜样的作用。

## 三、班组长的任务

对于班组长的任务，最根本的一条就是为企业创造利润，任务的性质主要有班组生产和班组建设两个方面：

1. 班组生产任务

班组生产任务是要求班组长身先士卒，带领班组成员优质、高效、节约、安全地完成班组的生产任务。具体讲就是要做到以下五个方面。

1）保证产品质量。

2）提高生产效率。

3）降低生产成本。

4）维护生产设备。

5）防止发生事故。

上述五个方面的任务要求，也是企业生产任务的总体要求。

2. 班组建设任务

班组建设是企业建设的基础，主要有以下五个方面。

1）班组岗位责任制建设。

2）班组团队精神建设。

3）班组全员素质建设。

4）班组文化建设。

5）班组形象建设。

上述五个方面的任务要求，也是企业建设任务的总体要求。

## 四、班组长的基本素质要求

班组长的基本素质主要有思想素质、业务素质和身心素质三个方面：

1. 思想素质

思想素质主要要求班组长要有较高的思想觉悟，具备优良的道德品质，要有积极向上的精神风貌，不怕困难和知难而进的坚强意志。

2. 业务素质

班组长在生产一线上是兵头将尾，在生产技术和技能方面应当是技术尖子、技能高手，用业务实力树立工作威信，班组长在业务方面不但自己要会干、能干好，还需要能指导班组成员学会干、能干好。

从业务管理者要求，班组长需要有组织、协调和管理一线生产的能力和水平。

3. 身心素质

不论作为生产一线的操作者，还是作为生产一线的管理者，都应具有健康的身体和心理素质，班组长的心理素质会直接影响到班组成员的心态和情绪。而身体是工作的“本钱”，只有拥有健康的身体才能担当起参与生产和管理生产的重担。

## 能力训练

一、填空题

1. 班组是企业组织体系中的________，是企业________、________、不可细分的________。

2. 班组一般是按照________和________两种形式组建的。

3. 在选配班组成员时，要依据班组的组织形式要求，依据企业的________，产品的________，班组设备的________，选配技能结构、________和________的班组成员。

4. 班组生产任务是要求班组长身先士卒，带领班组成员________、________、________、________地完成班组的生产任务。

5. 思想素质主要要求班组长要有较高的________，具备优良的________，要有积极向上的________，不怕困难和知难而进的________。

二、判断题

1. 产品专业化的班组人员是由相同的工种的工人组成的。（　　）

2. 班组长的管理水平高低，直接影响着企业的管理水平。（　　）

3. 班组长的任务最根本的一条就是为自己创造利润。（　　）

4. 从业务管理者要求，班组长需要有组织、协调和管理一线生产的能力和水平。（　　）

三、简答题

1. 班组长的主要职责有哪两个方面？

2. 班组生产任务有哪些？

3. 对班组长的基本素质要求是什么？

# 第三章　班组目标与计划管理

**学习目标**

1. 了解目标管理体系及实施步骤。
2. 了解企业计划的意义。

班组目标是企业目标的组成部分，是企业目标体系中最具体的由组织形式来承担的具体工作目标，是目标管理在班组中的具体体现。

## 第一节　目标管理概述

### 一、目标管理的概念

目标管理是已被现代企业所广泛采用的管理理念和方法，就是指企业中的上级和下级一起协商，根据企业的根本目的确定一定时期内企业的总目标，由此决定上下级的责任和分目标，并把这些目标作为绩效考核的依据和标准。

### 二、目标管理的体系和实施步骤

1. 目标管理的目标体系

企业总目标的分解过程是由上而下的，总目标分解为中层目标，中层目标再分解为基层目标，基层目标在企业中也就是班组目标。目标管理的保证过程是由下而上的，只有班组目标保证实现了，才能保证中层目标的实现，中层目标实现了，最终才能实现企业的总目标，由此可以看出班组目标的重要性。

2. 目标管理的实施步骤

目标管理的实施步骤，也就是制订目标和实现目标的全过程，主要分为如下几个步骤：

1）制订总体目标。

2）分解总体目标。

3）明确全员具体目标。

4）制订工作计划。

5）实施工作计划。

6）检查工作计划进展情况和相应目标的实现情况。

7）绩效目标考核。

8）奖优惩劣，促进目标实现。

## 第二节　企业计划

企业计划是依据企业目标而制订的，企业计划与企业目标二者是相关联的，企业计划与企业目标的关系可以认为是目的与实施过程间的关系，目标就是要达到的目的，计划是规划达到目标的时间和所做工作的先后顺序。

**一、企业计划的内容和类别**

如果从企业计划所涉及的工作内容来讲，可以包括企业市场目标计划、企业技术改进目标计划、企业实现利润目标计划等。

如果从所作计划的时间来讲，可以包括企业发展长期性工作计划、阶段性工作计划、年度工作计划、月工作计划等。

如果从所作计划的层次来分，可以包括企业总体工作计划，中层/车间、部门工作计划，班组工作计划等。

**二、班组计划管理**

班组计划是企业计划按层次划分的最基层的工作计划，班组计划管理是企业计划管理的基础性工作，班组计划管理的好坏决定了企业计划管理的成败。班组计划管理就是对班组工作计划执行情况进行整合控制。

一般来讲，班组计划管理最重要的内容是对班组生产作业计划的管理，班组生产作业计划是由企业总的生产计划按生产的管理层次细化而来的。企业将生产计划任务分配到车间，车间编制生产作业计划后分配到班组，班组编制作业计划后将生产任务明确到每个班组成员。

## 能力训练

一、填空题

1. 班组目标是________的组成部分，是企业目标体系中最具体的由________来承担的具体________，是________在班组中的具体体现。

2. 企业总目标的分解过程是由上而下的，总目标分解为________，中层目标再分解为________。

3. 如果从企业计划所涉及的工作内容来讲，可以包括________目标计划、________改进目标计划、________目标计划等。

二、判断题

1. 目标管理的实施步骤，也就是制订目标和实现目标的全过程。（　　）

2. 班组计划管理最重要的内容是对企业生产作业计划的管理。（　　）

3. 企业计划与企业目标二者是相关联的。（　　）

三、简答题

1. 目标管理的实施步骤可分为哪几步？

2. 企业计划的内容和类别是什么？

# 第四章　班组生产管理

**学习目标**

1. 理解生产管理的内涵。

2. 掌握企业管理的目标与内容。

## 第一节　生产管理的有关概念

### 一、生产的概念

生产是通过劳动把资源转化为能满足人们一定需求的产品和服务的过程。需要指出的是，生产过程的输出，不仅指有形的实物产品，还包括无形的产品，如服务等。

### 二、生产过程

企业生产过程是在企业活动过程中，把资源转化为产品和服务的过程，这一过程也是价值增值的过程，包括基本生产、辅助生产、生产技术准备和生产服务等企业范围内各种生产活动协调配合的运行过程。

1）基本生产过程　是指与企业的基本产品实体构成直接相关的生产过程，所生产的产品以市场销售为目的。

2）辅助生产过程　是指为保证基本生产过程的实现，不直接构成基本产品实体的生产过程。例如，企业不以销售为目的，仅为满足本企业的需要而进行的动力生产与供应、工具制造和设备修理等。

3）生产技术准备过程　是指投产前所做的各项生产技术准备工作。例如，产品设计、工艺设计、工艺准备、材料与工时定额制订和新产品试制等。

4）生产服务过程　是指为基本生产与辅助生产过程顺利进行而从事的服务性活动。例如，原材料、半成品、工具等的供应、运输和库存管理等。

### 三、生产类型

按一定标准对生产过程划分的类别就是生产类型。

1）按工艺特点分为采掘提取型、合成型、分解型、调制型、装配型。

2）按任务确定方式分为订货型、备货型。

3）按生产批量分为大批量生产、成批生产、单件小批量生产。

不同的生产类型的工作重点是不同的。以生产批量为例，不同生产类型的特点见表4-1。

根据对表4-1的分析可以看出，大批量生产的经济效益最好，成批生产次之，单件小批量生产最差。

生产管理的任务之一就是通过一切可能的措施来改善生产类型，以获得最大的经济效益。

表 4-1 不同生产类型的特点

| 比较项目 | 大批量 | 成批生产 | 单件小批量 |
|---|---|---|---|
| 产品品种 | 单一或很少 | 较多 | 很多 |
| 产品产量 | 很大 | 较大 | 单个或很少 |
| 设备布置 | 按对象原则,采用流水生产或自动线 | 既有按对象原则排列的,又有按工艺原则排列的 | 基本按工艺原则排列 |
| 生产设备 | 广泛采用专用设备 | 专用、通用设备并存 | 采用通用设备 |
| 设备利用率 | 高 | 较高 | 低 |
| 应变能力 | 差 | 较好 | 很好 |
| 劳动定额的制订 | 详细 | 有粗有细 | 粗略 |
| 劳动生产率 | 高 | 较高 | 低 |
| 计划管理工作 | 较简单 | 较复杂 | 复杂多变 |
| 生产控制 | 容易 | 难 | 很难 |
| 产品成本 | 低 | 较高 | 高 |
| 产品设计 | 标准化程度高,零件互换性好 | 标准化程度低,零件在一定范围内可互换 | 按用户要求设计 |
| 经济效益 | 最好 | 较好 | 较差 |

## 第二节 生产管理的内容与目标

### 一、企业生产管理的内容

生产管理是对生产系统的设计、运行与维护过程的管理，它包括对生产活动进行计划、组织与控制。

1. 生产系统的设计

生产系统的设计包括产品或服务的选择和设计、生产设施的定点选择、生产设计布置和工作设计等。生产系统的设计对生产系统的运行有先天性影响，设计的好坏将直接影响到该系统的运行绩效，甚至决定着一个企业的兴衰。

2. 生产系统的运行

生产系统的运行，主要是在现行的生产系统中，组织如何适应市场的变化，按用户的需求，生产合格产品和提供满意服务。生产系统的运行涉及生产计划、组织与控制三个方面。计划解决生产什么、生产多少和何时生产，包括预测市场需求，确定提供产品或服务的种类与数量，编制生产作业计划等。组织解决如何合理组织本企业的劳动者、劳动资料、劳动对象和信息等生产要素，使有限的资源得到充分而合理的利用。控制解决如何保证系统按计划运行，包括生产进度控制、质量控制、物质消耗、库存控制以及成本控制等。

### 二、企业生产管理的目标

1. 保证实现企业的经营目标

组织生产过程按计划要求高效运行，全面完成产品品种、质量、产量、成本、交货期和环保与安全各项要求。

2. 有效利用企业的制造资源

不断降低物耗、降低生产成本、缩短生产周期、减少在制品和压缩占用的生产资金，以不断提高企业的经济效益和竞争力。

3. 提高生产系统应变能力

为适应市场、环境的迅速变化，要努力提高生产系统的应变能力，使企业能根据市场需求不断推出新产品，并使生产系统适应多品种生产，能够快速地调整生产，进行品种更换。

如果用一句话来概括生产管理的目标任务，那就是高效、低耗、灵活、准时地生产合格产品或提供满意服务。

## 第三节 生产管理的基本单位

车间是企业的基本生产单位，由各个班组构成，是企业经营产品的工作现场。

班组是企业最基层的生产单位，直接面对生产一线，企业精神最终要通过班组贯彻到每位员工，然后通过员工的工作成果（产品）反映出来。而这些管理、生产过程和环节，要在生产现场来进行，班组长的一切管理活动都离不开现场管理，现场管理是班组长管理活动的重要核心和主体。

## 第四节 生产过程组织

### 一、生产系统

1. 生产系统的含义及构成要素

企业产品生产系统是由企业的“人、机、料、法、环”等要素构成的，是将投入要素转换成某种产出要素的一个有机整体。生产系统是企业系统中的一个子系统，是支撑企业生产过程的物质基础。

2. 生产系统的功能目标

如何构造企业的生产系统，取决于对系统提出什么样的功能要求。制造企业生产系统的主要功能是制造产品。要制造什么样的产品决定了需要什么样的生产系统。一个企业决定生产何种产品，受社会需求和市场竞争的影响，也决定于企业采用何种经营战略。所以设计和构造一个生产系统，要求它具有什么样的功能，取决于用户对产品的要求和企业的经营战略。

具体地说，用户需求就是用户对产品的各种要求。用户的需求归纳起来可以分为产品款式、质量、数量、价格、服务、交货期、环保与安全七个方面。用户对产品提出的上述七个方面的要求，是通过企业生产系统加工出相应的产品来得到满足的。相应地，企业的生产系统就应该具备创新、质量保证、柔性、低成本、继承性、按期交货、环保与安全七个方面的功能，如图 4-1 所示。

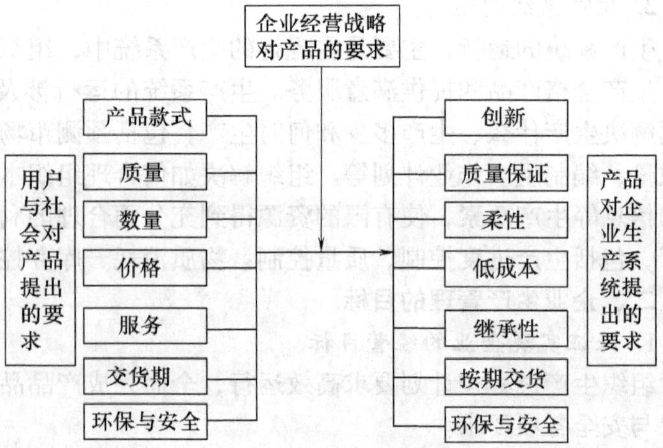


图 4-1 用户需求与生产系统功能目标的关系图

## 二、组织生产过程的基本要求

### 1. 生产过程组织

生产过程组织是指以最佳的方式将各种生产要素结合起来，对生产的各个阶段、环节和工序进行合理的安排，使其形成一个协调的系统。具体来说，就是对生产过程中的劳动者、劳动工具、劳动对象以及生产过程的各个环节、阶段和工序进行的合理安排，使之在空间上衔接，时间上紧密配合，形成一个协调的产品生产系统。它的基本任务是保证产品制造的流程最短、时间最短以及耗费最少，并按照计划规定的产品品种、质量、数量和期限等生产出社会需要的产品。

### 2. 合理组织生产过程的基本要求

（1）生产过程的连续性　生产过程的连续性是要求产品生产过程的各个工艺阶段、工序之间在时间上紧密衔接，连续进行。

（2）生产过程的比例性　生产过程的比例性是指生产过程各阶段、各工序之间在生产能力上要保持一定的比例关系，以适应产品生产的要求。这表现在各个生产环节的工人数量、设备数量、生产速度、开动班次等，都必须互相协调配套。

（3）生产过程的均衡性　生产过程的均衡性是要求生产过程的各个基本环节和各工序在相同的时间间隔内，生产相同或者稳定递增产品的数量，不会出现前松后紧，或时紧时松的现象，保持有节奏的均衡生产。均衡性特点是由连续性和比例性特点所决定的。

（4）生产过程的平行性　生产过程的平行性是指物料在生产过程中实行平行、交叉作业。平行作业是指相同的零件同时在几台相同的机器上加工；交叉作业是指同一批零件在上道工序还未加工完成时，将已完成的部分零件转到下道工序加工。也就是生产过程的各工艺阶段、各工序在时间上实行平行作业，产品各零部件的生产在不同空间上进行。

（5）生产过程的柔性　市场需求的多变性要求生产系统必须实现在极短时间内，以最小的代价从一种产品的生产转换到另一种产品的生产。所谓“柔性”是指加工制造的灵活性、可变性、可调节性及便捷性。广义上说还包括服务、运输、库存等方面的灵活性。

合理组织生产过程，其各项要求是相互联系、相互影响的。在生产过程的组织、计划、控制过程中，需要根据具体情况综合考虑时间、资金占用、相关费用等多种因素，统筹安排，以提高经济效益。

## 三、生产过程组织的基本内容

生产过程组织包括生产过程的空间组织和时间组织。

### 1. 生产过程的空间组织

生产过程的空间组织是指在一定的空间内，合理地设置企业内部各基本生产单位（车间、工段、班组），使生产活动能高效顺利地进行。这里主要从生产车间的设备布置角度加以说明。生产过程的空间组织有以下两种典型的形式：

（1）工艺专业化形式　工艺专业化又称为工艺原则，就是按照生产过程中的各个工艺阶段的工艺特点来设置生产单位。在工艺专业化的生产单位内，集中着同种类型的生产设备和同工种的工人，来完成各种产品的同一工艺阶段的生产，即加工对象是多样的，但工艺方法是同类的，每一个生产单位只完成产品生产过程的部分工艺阶段和部分工序的加工任务，产品的制造完成需要各单位的协同努力。如机械制造业中的铸造车间、机加工车间及车间中的车工段、铣工段等，都是工艺专业化生产单位。

工艺专业化组织形式的优点是：适应性强，可以适应企业中不同产品的加工要求；便于充分利用设备和生产面积；利于加强专业管理和进行专业技术指导；个别设备出现故障或进行维修时，对整个产品的生产制造影响小。它的缺点是：产品加工过程中运输路线长，运输数量大，停放、等待的时间多，生产周期长；增加了在制品数量和资金占用；生产单位间的协作复杂，生产作业计划管理、在制品管理、成套性进度管理等诸项管理工作量大而且复杂。

工艺专业化形式适用于企业产品品种多、变化大、产品制造工艺不确定的单件小批量生产类型的企业。它一般表现为按订货要求组织生产，特别适用于新产品的开发试制。

（2）对象专业化形式　对象专业化又称为对象原则，就是按照产品（零件、部件）的不同来设置生产单位。即根据生产的产品来确定车间的专业分工，每个车间完成其所负担的加工对象的全部工艺过程，工艺过程是封闭的。在对象专业化生产单位（如汽车制造厂中的发动机车间、底盘车间；机床厂中的齿轮车间、底盘车间等）里，集中了不同类型的机器设备、不同工种的工人，对同类产品进行不同的工艺加工，能独立完成一种或几种产品（零件、部件）的全部或部分的工艺过程，而不用跨越其他的生产单位。

对象专业化形式的优点是：生产比较集中，生产周期短，运输路线短，周转量小；计划管理、库存管理相对简单；在制品占用量少、资金周转快，协作关系少；有利于强化质量责任和成本责任，便于采取流水生产等先进生产组织形式，提高生产效率。它的缺点是：对市场需求变化适应性差，一旦因生产的产品市场不再需求而进行设备更换，则调整代价大；设备投资大（由于同类设备的分散使用，会出现个别设备负荷不足，生产能力不能充分利用）；不利于开展专业化技术管理。

对象专业化形式适用于企业的专业方向已定，产品品种稳定、工艺稳定的大量大批生产，如家电、汽车、石油化工产品生产等。

在实际生产中，上述两种专业化形式往往是结合起来应用的。根据它们所占比重的不同，专业化形式又可分为：在对象专业化形式基础上，局部采用工艺专业化形式；在工艺专业化形式基础上，局部采用对象专业化形式。

2. 生产过程的时间组织

合理组织生产过程，不仅要求生产单位在空间上密切配合，而且要求劳动对象和机器设备在时间上紧密衔接，以实现有节奏的连续生产，达到提高劳动生产效率和设备利用率、减少资金占用、缩短生产周期的目的。生产过程在时间上的衔接程序，主要表现在劳动对象在生产过程中的移动方式。劳动对象的移动方式，与一次投入生产的劳动对象数量有关。以加工零件为例，当一次生产的零件只有一个，零件只能按顺序经过各道工序，不可能同时在不同的工序上进行加工。一批零件在工序上存在三种移动方式，这就是顺序移动、平行移动和平行顺序移动。

1）顺序移动方式　是指一批零件在前一道工序全部加工完毕后，整批转移到下一道工序进行加工的移动方式。其特点是：一道工序在工作，其他工序都在等待。

2）平行移动方式　是指一批零件中的每个零件在每道工序加工完毕以后，立即转移到后道工序加工的移动方式。

3）平行顺序移动方式　吸收了上述两种移动方式的优点，避免了缺点，但组织和计划工作比较复杂。其特点是：当一批零件在前道工序上尚未全部加工完毕时，就将已加工的部分零件转到下道工序进行加工，并使下道工序能够连续地、全部地加工完该批零件。

在选择移动方式时，应结合具体情况灵活运用。一般对批量小、重量轻，而且加工时间短的零件，宜采用顺序移动方式，反之宜采用另外两种移动方式；按对象专业化形式设置的生产单位，宜采用平行顺序移动方式或平行移动方式；按工艺专业化形式设置的生产单位，宜采用顺序移动方式；对生产中的缺件、急件，则可采用平行或平行顺序移动方式。

**四、生产过程的组织形式**

研究分析生产过程的基本目的，在于寻求高效、低耗的生产组织形式，将生产过程的空间组织与时间组织有机结合。企业必须根据其生产目的和条件，采用适合自己生产特点的生产组织形式。

1. 流水生产线

流水生产线，又称流水作业线，是指劳动对象按照一定的工艺过程，按顺序一件一件地通过各个工作地，并按照统一的生产速度和路线，完成工序的生产过程组织形式。它将对象专业化的空间组织方式和平行移动的时间组织方式高度结合，是一种先进的生产组织形式。

（1）流水生产线的特点　专业性、连续性、节奏性、比例性和封闭性。

（2）流水生产线必须具备的条件　一个企业要建流水生产线，应进行充分的可行性分析与论证，建流水生产线一般应具备以下条件：

1）市场需求量大，产品品种稳定且量大，以保证流水线的正常负荷。

2）产品的结构、加工工艺和性能等应比较先进。

3）产品的加工过程能够细分，能分解成单个的工序，以便组织生产。

4）企业自身条件，如资金、生产面积和技术力量能达到要求。

5）产品的检验工作能够在流水线上进行或通过工艺设备保证。

2. 成组技术和成组加工单元

随着社会经济的发展，社会需求出现了多品种、多变化的趋势。为提高多品种、小批量生产的效率，出现了成组技术，使多品种、小批量生产能获得流水线生产的高效率和低成本效果。成组技术是一种以零部件的相似性（主要指零件的材质结构、工艺等方面）和零件类型分布的稳定性、规律性为基础，对其进行分类、归并成组并进行编码制作，以提高加工的批量，获得较好的经济效益的技术。

成组加工单元，就是使用成组技术，以“组”为对象，按照对象专业化布局的方式，在一个生产单元内配备不同类型的加工设备，完成一组或几组零件的全部工艺的生产组织。采用成组加工单元，加工顺序可在组内灵活安排，多品种、小批量生产可获得接近于大数量流水生产线的效率和效益。目前，成组技术主要应用于机械制造、电子和兵器等领域。

3. 柔性制造单元

柔性制造单元，即以数控机床或数控加工中心为主体，依靠有效的成组作业计划，利用机器人和自动运输小车实现工件和刀具的传递、装卸及加工过程的全部自动化和一体化的生产组织。它是成组加工系统实现合理化的最高级形式。它具有机床利用率高、加工制造与研制周期短和制品及零件库存量低的优点。柔性制造单元与自动化立体仓库、自动装卸站和自动牵引车等结合，由中央计算机控制进行加工，即可形成柔性制造系统。

## 第五节 生产绩效的目标管理

### 一、生产规划设计

生产是企业活动的重中之重，而生产绩效将直接影响到整个企业的经营绩效和市场竞争力。一个完善的生产规划设计将直接影响生产的管理效果。

生产规划的内容很多，生产设备配置、生产人员配备和生产流程安排等都需要进行合理的规划设计。设备配置妥当必然导致生产率的提高；生产人员的配备达到最大的优化必然带来生产产量的最大化；生产能力的合理规划则可以使各种生产资源得到充分的运用；生产流程安排合理则能使生产时间科学的简化，从而使得单位时间的生产率得到尽可能的提高。

### 二、生产主管的主要工作职能

尽管一个生产主管的职责有上述许多方面，但单就生产绩效方面的管理而言，生产主管的主要工作职责是从以下几个方面来提高本部门的管理绩效：生产规划与设计、生产人员控制、流程优化、质量控制、采购优化、成本控制等（见表4-2）。其中，质量控制是生产绩效管理的核心，因为在企业里没有比质量更重要的话题了。质量管理与控制影响到整个企业，从供应商到消费者以及从产品设计到维护。换句话说，生产绩效管理的一切工作，都是在围绕质量提供必要的服务。

表4-2 生产主管的主要工作职能

| 计 划 | 组 织 | 布 置 | 领 导 | 控 制 |
|---|---|---|---|---|
| 生产能力 | 集权程度 | 生产设备 | 激励员工 | 存货控制 |
| 生产目标 | 对外承包 | 生产人员配备 | 工作命令 | 质量控制 |
| 生产地点 | 加班 | 日程安排 | 工作指标 | 进度控制 |
| 采购优化 | 设备调度 | | 人员绩效评估 | 成本控制 |
| 质量管理 | | | | |
| 成本管理 | | | | |
| 生产进度 | | | | |

### 三、生产绩效目标的构成

1. 生产流程绩效目标

（1）质量　衡量质量绩效的指标有等级品率、优质品率、成品抽查合格率和关键件主要项抽查合格率等。

（2）工艺成本　工艺成本是指实现工艺流程和个别工序的费用总额。工艺成本中的各项费用可按它们同产量的关系分为可变成本和固定成本两大类。

（3）有效性　有效性是实际产出量与计划产出量的比值，有效性可以从总量或基本分量上来衡量。总量的有效性，如实际产量、产值与计划产量、产值之比，实际生产率与计划生产率的比率等。局部的有效性，如质量、成本、交货时间、资源消耗等的实际量与计划量之比。

（4）生产柔性　生产柔性是指工艺流程对用户需求变化的响应速度，是对生产流程适应市场变化能力的一种衡量。可以用品种柔性和产量柔性来衡量。品种柔性是指从一种产品快速地转换为生产另一种产品的能力，产量柔性是指快速增加或减少所生产产品产量的能力。

2. 生产人员绩效管理的目标

（1）劳动生产率　劳动生产率描述的是劳动产出与企业人数的比例关系，是绩效管理的主要目标。生产主管可以通过合理安排生产时间、引导生产人员采用标准的作业以及提高生产人员的素质来使得劳动生产率提高。

（2）参与能力　参与能力描述的是生产人员参与到整个生产过程的能力。如果生产人员只注重提高自身作业能力，而忽视与整个团队或生产小组的协调，那么即使合作也是无法提高绩效水平的。

（3）作业技能与创新能力　对生产人员进行培训的目的就是帮助生产人员提高自身的作业技能及培养其创新能力。生产人员是企业产品的直接创造者，他们比一般的主管更清楚生产中的问题，所以生产人员的创新能力直接关系着企业的绩效改进。

3. 生产质量目标

质量目标应是定量化的，并且是书面化的。

质量目标有两种，即对规定水平的控制（如保持现状）和改进（如改变、突破现状）。仅有第一种目标是不够的，因此商定第二种目标并为之努力非常重要。

质量目标必然与质量信息密切相关。通常根据下述有关信息来制订质量目标：顾客满意度、不良质量成本、投诉等级、过程输出（结果）、质量审核结果和检验结果。

4. 生产绩效目标的设立步骤

（1）设立目标　目标必须由上下级共同商量确定。

（2）重新审议组织结构和职责分工　生产绩效目标管理要求每一个分目标都有确定的责任主体。因此，预定目标之后需要重新审视现有的组织结构，根据新的目标进行调整，明确目标责任者并协调关系。

（3）确立下级的目标　分目标要具体、量化、便于评估，既要有挑战性，又要兼顾实现的可能。

（4）达成协议　生产主管和下属就实现各级目标所需的条件和目标实现后的奖惩达成协议。分目标制订后，要赋予下属相应的资源配置权力，以实现责权的统一。

不过有时也会出现难以设立目标的情况，比如生产管理部门的目标就很难具体化或定量化。因此，必须做到把管理部门的目标与其他部门的目标作直接或间接的结合。例如“利用某方法的普及，帮助生产部门减少5%的成本”，也可以利用作业部门的目标进行状况来作为管理部门的目标成果测定。

5. 生产绩效目标的控制体系

生产绩效目标制订以后，必须由一个有效的目标控制体系来确保执行和实施。生产主管可以将动态的、科学的并由全员认可的目标层层分解落实后形成各级子目标，然后再将它们串联起来，形成一条完整系统的目标体系，目标间是相互联系又相互制约的目标锁链。通过这条目标锁链使各个目标环环相扣，紧密配合，达到目标间的统一，进而确保目标得以层层实现。具体来看，目标锁链的运作有以下具体步骤：

（1）生产绩效目标分解　基层单位与员工对生产绩效的总体目标，根据各自的情况进行层层讨论，研究实现上级目标的各种现实措施，制订自己的目标，其最终目的是要实现组织与个人目标的一体化。这种方式的前提是对目标的细分工作要科学、准确、到位。完成目标的分解后，对分解后的各级子目标必须规定责任者、配合者、审核者、工作程序、见证材料、措施方法，从而做到生产部门内部的每件事都有专人负责。

（2）生产绩效目标的执行与控制　比目标分解更重要的是这个目标链中的各级子目标该如何实施下去，在各个阶段的进度该如何把握，如何达到预期的效果而不至于产生偏差。如果说，从“部门—小组—个人”是一种纵向的分解方式，那么对于总目标和分解的每一级子目标来说，把它们分别按时间加以分解，则是一种横向的方式。这样便于在执行的过程中能够对进度进行全面的监控。

（3）目标的协调一致　生产部门长期的、总体的目标，是通过逐级的、分小组地分解为子目标来实现的。因此，不可避免会出现生产部门各级别和不同车间小组各自目标间的矛盾。目标的协调一致是指在分清目标的主次前后、轻重缓急，确定目标的优先顺序。

## 能力训练

一、填空题

1. 生产是通过劳动把________转化为能满足人们一定需求的________和________的过程。

2. 企业生产过程是在企业活动过程中，把资源转化为________和________的过程，这一过程也是________的过程。

3. 生产服务过程是指为________与________过程顺利进行而从事的________活动。

4. 生产管理是对生产系统的________、________与________过程的管理，它包括对生产活动________、________与________。

5. 生产系统是企业系统中的一个________，是支撑企业生产过程的________。

6. 生产过程组织是指以最佳的方式将各种生产要素结合起来，对生产的各个________、________和________进行合理的安排，使其形成一个________的系统。

7. 生产过程组织包括生产过程的________和________。

8. 成组技术主要应用于________、________和________等领域。

9. 生产是企业活动的重中之重，而生产绩效将直接影响到整个企业的________和________。

二、简答题

1. 企业生产管理的目标任务有哪些？

2. 生产类型的分类是什么？

3. 生产过程的时间组织的内容是什么？

3. 目标锁链的运作有哪些具体步骤？

# 第五章　班组安全生产管理

**学习目标**

1. 了解安全生产的内涵。
2. 理解并掌握安全生产的法律法规。

## 第一节　安全生产内涵

**一、安全生产的定义**

安全生产有广义和狭义两种定义，广义是指保护劳动者在生产经营活动中的人身安全、健康和财产安全；狭义是指对劳动者在劳动生产过程中可能引起伤亡和职业危害的保护。它不包括职工其他劳动权利和劳动报酬等方面的保护，也不包括一般的卫生保健和伤病医疗工作。

**二、安全生产的工作内容**

国家和各级政府主管部门及企业都非常重视安全生产工作，为了给劳动者创造一个安全、卫生、舒适的劳动条件，预防工伤事故和职业病的发生，各部门多年来从安全生产的组织管理和安全生产技术措施两方面做了大量工作。

1. 安全生产组织管理措施

国家和各级政府主管部门及企业为了保护劳动者的安全与健康，制定了一系列的方针、政策、法规和各种安全制度，建立了专门的安全生产监察和管理的组织机构，确立了安全生产管理体制，开展了安全生产宣传教育和安全生产大检查、加强科学监测检验和科学研究、总结和推广交流安全生产工作经验等方面工作。

2. 安全生产技术措施

采用现代科学技术，实现生产作业环境和生产过程的机械化、自动化和密闭化，积极采用先进的劳动保护安全技术措施和劳动卫生措施，加强劳动者的个人防护，配备专用的劳动防护用品用具等。

**三、安全生产的重要意义**

1）安全生产是我国社会主义制度下的根本大事，是提高广大劳动者生产生活条件和水平的根本性工作，是保持社会安定团结的需要。

2）安全生产是市场经济健康发展的需要。

3）安全生产是社会经济平稳运行，均衡发展的需要。

4）安全生产是保护劳动力，保护社会人力资源和社会财富的需要。

5）安全生产是激励劳动者热情，保护劳动者的工作积极性，提高劳动生产率的需要。

6）安全生产是具体落实和体现以人为本的现代化企业管理理念，搞好现代企业管理的需要。

**四、安全生产工作的方针**

安全生产工作的方针是“安全第一，预防为主”。它的含义是：在组织和指挥生产时，首先要想到和提出安全上有什么问题，有针对性地研究好预防性措施；当其他工作和安全生产发生矛盾时，要求把安全作为一切工作的前提条件，对待事故要坚持预防为主，把事故消灭在萌芽状态，防患于未然。

1. 实施“安全第一，预防为主”的方针，必须克服的几种错误思想

1）重生产、轻安全的思想。

2）安全与生产对立的思想。

3）冒险蛮干思想。

4）消极悲观思想。

5）麻痹思想和侥幸心理。

2. 实施“安全第一，预防为主”的方针，要坚持安全生产两项基本原则

（1）“管生产必须管安全”的原则　安全寓于生产之中，生产组织者和科技工作者在生产技术实施过程中应当主动承担安全生产责任，要把“管生产必须管安全”的原则落实到每个职工的岗位责任制中，从组织上、制度上固定下来，以保证这一原则的实施。

（2）“五同时”的原则　即生产组织者必须在计划、布置、检查、总结、评比生产工作的同时进行计划、布置、检查、总结、评比安全工作的原则。它要求把安全工作落实到每一个生产组织管理环节中去。这是解决生产管理中安全与生产统一的一项重要原则。

## 第二节　安全生产法律、法规

为了维护生产秩序和社会秩序，国家通过立法，把有关人员应遵守的工作规范和技术规范，规定为必须遵守的法律义务。违反此项义务就要承担一定的法律责任，依法受到制裁，运用法律、法规手段强化安全生产管理。

### 一、安全生产法律法规的作用和制定原则

1. 安全生产法规的作用

（1）保护劳动者的安全和健康　国家有关部门组织专业技术人员对安全生产、劳动保护客观规律进行高度概括和总结，制定相应的安全生产法规，规定了保护劳动者安全和健康的工作制度和工作方法，并以国家强制力保证实施，可以有效地防止伤亡事故和职业病的发生，从而保护劳动者的安全和健康。

（2）提高劳动生产率　安全生产法规规定了生产设备及劳动条件的安全要求，并要求企业不断改善劳动条件，消除不安全、不卫生因素。同时，鼓励安全生产的技术改进和发明创造，实现生产过程的自动化、机械化。促进了生产设备和劳动条件的改善，为职工创造了舒适、安全的生产环境，有利于劳动生产率的提高。

（3）促进劳动关系的巩固和发展　安全生产法规规定了用人单位和职工的行为准则和规范，要求企业重视和关心职工的安全和健康，提供符合国家规定的劳动条件，要求职工提高安全生产的意识和操作能力，严格遵守劳动纪律和安全生产的规章制度。有利于形成良好的安全生产环境和秩序，避免和减少劳动纠纷，巩固劳动关系，促进生产的顺利进行。

2. 安全生产法规制定的基本原则

1）“安全第一，预防为主”，保障职工的安全与健康的原则。

2）必要性与可能性结合的原则。

3）中央和地方两级立法的原则。

## 二、安全生产政策与法规

在我国，劳动者的安全和健康受到党和国家的重视，也受到法律的保护。《中华人民共和国宪法》规定："国家通过各种途径，创造劳动就业条件，加强劳动保护，改善劳动条件，并在发展生产的基础上，提高劳动报酬和福利待遇。"因此，搞好安全生产工作，保障劳动者在劳动生产过程中的安全和健康，是我国的一项基本政策，也是我国企业管理的一项基本原则。1994 年 7 月 5 日，第八届全国人民代表大会常务委员会第八次会议通过并颁布了《中华人民共和国劳动法》，以法律条文的形式对劳动安全卫生要求、工作作出了具体的规定。2002 年 6 月 29 日，全国人大常委会通过的《中华人民共和国安全生产法》，对安全生产工作加以明确。就国家来说，到目前为止，已颁布的安全生产法律、法规主要内容如下。

### 1. 法律

由全国人民代表大会或其常务委员会制定和颁布。

（1）《中华人民共和国宪法》《中华人民共和国宪法》（1982 年修订颁布），是我国的基本大法。其中第四十二条、第四十三条和第四十八条对劳动保护的政策作出了规定。主要内容有："国家通过各种途径，创造劳动就业条件，加强劳动保护，改善劳动条件，并在发展生产的基础上，提高劳动报酬和福利待遇"，"中华人民共和国劳动者有休息的权利，国家发展劳动者休息和休养的设施，规定职工的工作时间和休假制度"，"国家保护妇女的权利和利益"。

（2）《中华人民共和国刑法》《中华人民共和国刑法》（1979 年颁布）规定了对违反有关安全管理规章制度，违反危险品管理规定，不服从管理或因玩忽职守，导致发生重大事故，致使人员伤亡和财产损失的，将受到刑事处罚，最高刑罚可达七年徒刑。

（3）《中华人民共和国劳动法》《中华人民共和国劳动法》（1995 年 1 月 1 日实施），是我国劳动工作的基本法。其中属于劳动安全卫生规定方面的主要有第四章、第六章、第七章，分别对工作时间和休息休假、劳动安全卫生、女职工和未成年工特殊保护方面作出了具体规定。同时，在第一章《总则》、第三章及第十二章法律责任的第九十、九十二至九十五条，对劳动者在劳动安全卫生方面享有的权利、义务，以及用人单位违反劳动安全卫生有关法规、规定，将受到经济处罚、停产整顿直至追究刑事责任的处理作出了规定。

（4）《中华人民共和国安全生产法》　《中华人民共和国安全生产法》（2002 年 11 月 1 日起施行），它是我国第一部有关安全生产的综合性法律。这部法律以基本法的形式，对安全生产的方针、生产经营单位的安全生产保障、从业人员的权利义务、生产安全事故的应急救援和调查处理以及违法行为的法律责任都作出了明确的规定，是加强安全生产管理，搞好安全生产工作重要的法律依据。

### 2. 行政法规

行政法规由国务院颁布，是管理国家事务的行为规范性条文。主要内容是确立各部门、企业在安全生产工作中的职能与职责，提出安全卫生基本要求，制定安全生产管理办法和规定、制度等。一般以条例、规定、办法、政令和通知等形式颁布。如主要的有：《关于加强企业安全工作的几项规定》《工厂安全卫生规程》《企业职工伤亡事故报告和处理规定》《女职工劳动保护规定》《关于加强防尘防毒工作的决定》以及《关于加强安全生产工作的通知》等。这些行政法规是各部门、企业单位的安全行为准则，必须认真贯彻实施，并依此开展安全生产。

3. 技术法规

技术法规由国家质量检验技术监督局或行业部（国家各部委）颁布。技术标准分为“国家标准”和“行业标准”，国家标准是指在全国范围内统一的标准，由国家质量检验技术监督局制定；行业标准是指全国某个行业范围内统一的标准，由行业主管部门制定。职业标准的主要内容是对生产场所、生产过程、工艺、设备及其防护设施在安全卫生方面的具体要求和技术指标。技术标准为各部门、各企业单位开展安全生产工作提供了科学的技术依据，同时也是监察部门进行审查、监督和衡量企业单位是否达到国家安全卫生基本要求的技术依据。企业中常接触的职业安全卫生标准主要有《生产设备安全卫生设计总则》《企业职工伤亡事故调查分析规则》《起重机械安全规程》《安全电压》和《高处作业分级》等。

4. 地方性法规

由省及省人民政府所在地的市人民代表大会及其常委会在不与宪法、法律和行政法规相抵触的前提下制定的适用于本辖区并具有法律效应的法规。

5. 规章

由国务院所属各部委和各省人民政府制定发布的规范性文件。

## 三、安全生产法律、法规的主要内容

1. 安全生产法规体系

（1）法律体系　法律体系是指一定范围内的现行法律规范按照一定规则分类组合为法律门类而形成的法律、规范有机联系的统一体。关于我国总的法律体系构成，目前较普遍的意见是：以宪法、行政法、刑法、民法、诉讼法、婚姻法、劳动法、经济法等法律，来构成我国国家法律体系。

（2）安全生产法规体系　按照我国的立法规则，安全生产法规体系应包括：

1）全国人大及其常委会制定的有关安全生产的法律。

2）国务院制定的有关安全生产的行政法规。

3）国务院各部门制定的有关安全生产的部门规章。

4）各省、自治区、直辖市人大及其常委会制定的有关安全生产的地方法规。

5）各省、自治区、直辖市人民政府制定的有关安全生产的地方政府规章。

6）国务院有关部门按照保障安全生产的要求，依法制定的国家标准或行业标准。

《中华人民共和国安全生产法》是调整生产经营活动中有关安全生产的各方面关系、行为的法律、法规，是为了加强安全生产监督管理、防止和减少生产事故、保障人民群众生命和财产安全、促进经济发展而制定的，是安全生产工作领域中的一部综合性大法。

（3）与安全生产工作相关的法律　如《中华人民共和国刑法》《中华人民共和国民法通则》《中华人民共和国刑事诉讼法》《中华人民共和国行政诉讼法》《中华人民共和国行政处罚法》《中华人民共和国国家赔偿法》《中华人民共和国环境保护法》《中华人民共和国煤炭法》《中华人民共和国建筑法》和《中华人民共和国职业病防治法》等。

2. 安全生产主要法律、法规的内容

（1）《中华人民共和国宪法》　《中华人民共和国宪法》（简称《宪法》）是我国的根本大法，是制定安全生产法规的法律依据和指导原则，《宪法》对安全生产和劳动保护所作的规定有：

第四十二条：“中华人民共和国公民有劳动的权利和义务。国家通过各种途径，创造劳动就业条件，加强劳动保护，改善劳动条件，并在发展生产的基础上，提高劳动报酬和福利待遇……国家对就业前的公民进行必要的劳动就业训练。”

第四十三条：“中华人民共和国劳动者有休息的权利。国家发展劳动者休息和休养的设施，规定职工的工作时间和休假制度”。

第四十八条：“……国家保护妇女的权利和利益，实行男女同工同酬……”。

任何安全生产法律、法规均不得与这三项原则相违背。

(2)《中华人民共和国安全生产法》　《中华人民共和国安全生产法》(简称《安全生产法》)是我国有关安全生产管理的综合性法律。这部法律对安全生产工作的方针、生产经营单位的安全生产保障、从业人员的权利与义务、政府对安全生产的监督管理、生产安全事故应急救援与调查处理以及违法行为的法律责任等都作出了明确规定，是加强安全生产管理的重要法律依据。《安全生产法》共七章九十七条，下面分章进行介绍。

1) 第一章“总则”共十五条，是对这部法律若干重要原则问题的规定，对作为分则的其他各章的规定具有概括和指导的作用。分别对本法的立法目的、适用范围、安全生产管理的基本方针、生产经营单位确保安全生产的基本义务。生产经营单位主要负责人对本单位安全生产的责任、生产经营单位的从业人员在安全生产方面的权利和义务、工会在安全生产方面的基本职责、各级人民政府在安全生产方面的基本职责、安全生产监督管理体制、有关劳动安全卫生标准的制定和执行，为安全生产提供技术服务的中介机构、生产安全事故责任追究制度、国家鼓励和支持提高安全生产科学技术水平、对在安全生产方面作出显著成绩的单位和个人给予奖励等问题作了规定。

2) 第二章“生产经营单位的安全生产保障”共二十八条。本章是《安全生产法》的核心内容，主要规定了对生产经营单位安全生产条件的基本要求；生产经营单位主要负责人的安全生产责任；对生产经营单位安全生产投入的要求；生产经营单位安全生产机构的设置及安全生产管理人员的配备；对生产经营单位主要负责人及安全生产管理人员任职的资格要求；生产经营单位对从业人员进行安全生产教育和培训的义务；对生产经营单位特种作业人员的特殊资质要求；生产经营单位建设工程项目的安全设施与主体工程的“三同时”要求以及对危险性较大的行业的建设项目进行安全条件论证和安全评价的特殊要求；对建设项目安全设施的设计、施工和竣工验收的要求；对生产经营单位设施、设备、生产经营场所、工艺的安全要求；对危险物品生产、经营、运输、储存、使用以及危险性作业的特殊要求；生产经营单位对从业人员负有的义务；对两个以上生产经营单位共同作业的安全生产管理特别规定；对生产经营单位发包、出租的特别规定以及生产经营单位发生重大事故时对主要负责人的要求等。

3) 第三章“从业人员的权利和义务”共九条，主要规定了生产、经营单位从业人员在安全生产方面的权利和义务。包括了解其作业场所和工作岗位存在的危险因素、防范措施及事故应急措施的权利；对本单位的安全生产工作提出建议的权利；对本单位安全生产工作中存在的问题提出批评、检举和控告的权利；拒绝违章指挥和强令冒险作业的权利；发现直接危及人身安全的紧急情况时，停止作业或者在采取可以的应急措施后撤离作业场所的权利；因生产事故受到损害时要求赔偿的权利；享受工伤社会保险的权利；在作业过程中，严格遵守本单位的安全生产规章制度和操作规程、服从管理、正确佩戴和使用劳动防护用品的义务；接受安全生产教育和培训的义务；及时报告事故隐患或者其他不安全因素的义务。

此外，本章还对生产经营单位不得与从业人员订立“生死合同”，以及工会在安全生产管理中的权利与职责等作出了规定。

4）第四章“安全生产的监督管理”共十五条，从不同方面规定了安全生产的监督管理。从根本上说，生产经营单位是生产经营活动的主体，在安全生产工作中居于关键地位，生产经营单位的安全生产管理是做好安全生产工作的内因。但是，强化外部的监督管理同样不可缺少。由于安全生产关系到各类生产经营单位和社会的方方面面，涉及面极广，做好安全生产的监督管理工作，仅靠政府及其有关部门是不够的，必须走专门机关和群众相结合的道路，充分调动和发挥社会各界的积极性，齐抓共管，群防群治，才能建立起经常性的、有效的监督机制，从根本上保障生产经营单位的安全生产。因此，本章的“监督”是广义上的监督，既包括政府及其有关部门的监督，也包括社会力量的监督。

具体有七个方面：

县级以上地方人民政府的监督管理。

负有安全生产监督管理职责的部门的监督。

监察机关的监督。

社会中介机构的监督。

社会公众的监督。

基层群众的监督。

新闻媒体的监督。

5）第五章“生产安全事故的应急救援与调查处理”共九条，主要规定了安全生产事故的应急求援以及安全生产事故的调查处理两方面的内容。具体包括县级以上地方各级人民政府应当组织有关部门制定特大安全生产事故应急救援预案，建立应急救援体系；有关生产经营单位应当建立应急救援组织，指定应急救援人员，配备、维护应急救援器材、设备；发生生产安全事故时，生产经营单位负责人应当迅速采取有效措施，组织抢救，防止事故扩大，并按规定上报政府有关部门；有关地方人民政府及负有安全生产监督管理职责的部门负责人应当立即赶到重大事故现场，组织、指挥事故抢救。关于生产事故的调查处理，主要是在事故发生后，及时、准确地查清事故的原因，查明事故性质和责任，以及失职、渎职行为的行政部门的法律责任。对依法进行的事故调查处理，任何单位和个人不得阻挠和干涉。此外，本章还规定了负责安全生产监督管理的部门应当定期统计分析本行政区域内发生的生产安全事故，并定期向社会公布。

6）第六章“法律责任”共十九条，主要规定了负有安全生产监督管理职责的部门的工作人员，承担安全评价、认证、检验和检测的中介服务机构及工作人员，各级人员政府工作人员以及生产经营单位及其负责人和其他有关人员、从业人员违反本法所应承担的法律责任。

7）第七章“附则”共两条，对本法用语“危险物品”和“重大危险源”作了解释，并规定了本法的实施时间。

（3）《中华人民共和国劳动法》 1994 年 7 月 5 日，第八届全国人民代表大会常务委员会第八次会议审议通过了《中华人民共和国劳动法》（简称《劳动法》）。该法作为我国第一部全面调整劳动关系的基本法和劳动法律体系的母法，是制定和执行其他劳动法律、法规的依据。同时，它以国家意志把实现劳动者的权利建立在法律保证的基础上，既是对劳动者在劳动问题上的法律保障，又是对每一个劳动者在劳动过程中的行为规范。它的颁布改变了我国劳动立法落后的状况，不仅提高了劳动法律规范的层次和效力，而且为制定单项劳动法律、法规，建立完备的劳动法律体系奠定了基础。该法共十三章一百零七条，与安全生产有关的主要内容如下：

1）工作时间和休息放假的规定：《劳动法》第四章为“工作时间和休息休假”方面的条款。

第三十六条规定：“国家实行劳动者每日工作不超过八小时，平均每周工作时间不超过四十四小时的工时制度。”

注：根据《国务院关于职工工作时间的规定》（1995 年 3 月 25 日国务院第 174 号令）第三条的规定：职工每周工作时间修改为四十小时。

第三十八条规定：“用人单位应当保证劳动者每周至少休息一日。”

第三十九条规定：“企业因生产特点不能实行本法第三十六条、第三十八条规定的，经劳动行政部门批准，可以实行其他工作和休息办法。”

第四十一条规定：“用人单位由于生产经营需要，经与工会和劳动者协商后可以延长工作时间，一般每日不得超过一小时；因特殊原因需要延长工作时间的，在保障劳动者身体健康的条件下延长工作时间，每日不得超过三小时，但是每月不得超过三十六小时。”

第四十三条规定：“用人单位不得违反本法规定延长劳动者的工作时间。”

2）劳动安全卫生的规定：《劳动法》第六章为“劳动安全卫生”方面的条款。其主要内容如下：

①用人单位在职业安全卫生方面的权利和义务。《劳动法》第五十二条规定：“用人单位必须建立、健全劳动安全卫生制度，严格执行国家劳动安全卫生规程和标准，对劳动者进行劳动安全卫生教育，防止劳动过程中的事故，减少职业危害。”

第五十四条规定：“用人单位必须为劳动者提供符合国家规定的劳动安全卫生条件和必要的劳动防护用品，对从事有职业危害作业的劳动者应当定期进行健康检查。”

②劳动安全卫生设施和“三同时”制度。《劳动法》第五十三条规定：“劳动安全卫生设施必须符合国家规定的标准。新建、改建、扩建工程的劳动安全卫生设施必须与主体工程同时设计、同时施工、同时投入生产和使用。”

③特种作业的上岗要求。《劳动法》第五十五条规定：“从事特种作业的劳动者必须经过专门培训取得特种作业资格。”

④劳动者在安全卫生中的权利和义务。《劳动法》第五十六条规定：“劳动者在劳动过程中必须严格遵守安全操作规程。劳动者对用人单位管理人员违章指挥、强令冒险作业，有权拒绝执行；对危害生命安全和身体健康的行为，有权提出批评、检举和控告。”

⑤伤亡事故和职业病的统计、报告、处理制度。《劳动法》第五十七条规定：“国家建立伤亡事故和职业病统计报告和处理制度。县级以上各级人民政府劳动行政部门、有关部门和用人单位应当依法对劳动者在劳动过程中发生的伤亡事故和劳动者的职业病状况，进行统计、报告和处理。”

3）女职工和未成年工的特殊保护的规定：《劳动法》第七章为“女职工和未成年工的特殊保护”方面的条款。其主要内容如下：

第五十八条规定：“国家对女职工和未成年工实行特殊劳动保护。未成年工是指年满十六周岁未满十八周岁的劳动者。"

第五十九条规定："禁止安排女职工从事矿山井下、国家规定的第四级体力劳动强度的劳动和其他禁忌的劳动。"

第六十条规定："不得安排女职工在经期从事高处、低温、冷水作业和国家规定的第三级体力劳动强度的劳动。"

第六十一条规定："不得安排女职工在怀孕期间从事国家规定的第三级体力劳动强度的劳动和孕期禁忌从事的劳动。对怀孕七个月以上的女职工，不得安排其延长工作时间的夜班的劳动。"

第六十二条规定："女职工生育享受不少于九十天的产假。"

第六十三条规定："不得安排女职工在哺乳未满一周岁的婴儿期间从事国家规定的第三级体力劳动强度的劳动和哺乳期禁忌从事的其他劳动，不得安排其延长工作时间和夜班劳动。"

第六十四条规定："不得安排未成年工从事矿山井下、有毒有害、国家规定的第四级体力劳动强度的劳动和其他禁忌从事的劳动。"

第六十五条规定："用人单位应当对未成年工定期进行健康检查。"

（4）《中华人民共和国职业病防治法》 2001 年 10 月 27 日，第九届全国人民代表大会常务委员会第二十四次会议通过《中华人民共和国职业病防治法》（简称《职业病防治法》），该法共七章七十九条。由于产生职业危害的因素种类很多，导致职业病的范围较广，职业病类别较多，不同类别的职业病对劳动者产生的危害差异较大，对各类职业病的防治也不同，不可能把所有职业病的防治纳入本法的调整范围。根据我国的经济发展水平，并参考国际通行做法，当务之急是严格控制对劳动者身体健康危害最大的几类职业病的发生。因此，本法的调整范围限定于企业、事业单位和个体经营组织（以下统称用人单位）的劳动者在工作或者其他职业活动中，因接触粉尘、放射性物质和有毒、有害物质等职业危害因素而引起的职业病；同时，规定职业病分类和目录由国务院卫生行政部门会同国务院劳动保障行政部门规定，调整并公布。本法的主要内容如下：

1）职业病防治工作的基本方针和基本管理原则的规定。我国职业病防治工作的基本方针是"预防为主，防治结合"。职业病防治工作的基本管理原则是"分类管理、综合治理"。

2）职业病的前期预防。本法借鉴国际上的惯例做法，从可能产生职业危害的新建、改建、扩建项目（以下统称建设项目）的"源头"实施管理，规定了预评价制度。

①在建设项目可行性论证阶段，建设单位应当对可能产生的职业危害因素及其对工作场所和人员的影响进行职业危害预评价，并经卫生行政部门审核。

②建设项目的职业卫生防护设施，应当与主体工程同时设计、同时施工、同时运行或者使用；竣工验收前，建设单位应当进行职业危害控制效果评价。

3）劳动过程中的防护与管理防治职业病，用人单位是关键。用人单位应当采取有效的防治措施，建立、健全有关制度。

本法对劳动过程中的防护与管理，作了以下具体的规定：

①为了保护劳动者健康，加强对有毒、有害物质和放射性物质等主要职业危害因素所致职业病的预防和控制，需要对特殊危害工作场所实行有别于一般职业危害工作场所的管理。

②为了确保用人单位及时掌握本单位职业危害因素及职业卫生状况，并及时采取改进措

施，保护劳动者健康，本法规定：

a. 用人单位应当实施由专人负责的职业病危害因素日常监测，并确保监测系统处于正常运行状态。

b. 用人单位应当定期对工作场所进行职业危害检测、评价。

c. 发现工作场所职业危害因素不符合国家职业卫生标准和卫生要求时，应当立即停止存在职业危害因素的作业，并采取相应补救措施；职业危害因素符合国家职业卫生标准和卫生要求后，方可重新开工。

③本法规定：生产、经营、进口可能产生职业危害因素的设备、危险化学品、放射性同位素、含放射性物质的原材料的，应当提供中文说明书，说明书中应当载明与职业危害相关的事项和职业卫生防护、应急救治等措施，并在醒目位置标明警示标识和中文警示说明。

④对转移产生职业危害作业的双方作了限制性规定：任何单位和个人不得将产生职业危害的作业转移给不具备职业卫生防护条件的单位和个人。不具备职业卫生防护条件的单位和个人，不得接受产生职业危害的作业。

⑤对从事有害作业的劳动者不提供有效的职业卫生防护条件，导致职业危害发生的情况，本法规定：

a. 产生职业危害的用人单位，应当在醒目位置设置公告栏，公布与职业病防治有关的事项。

b. 用人单位应当在产生严重职业危害的作业岗位的醒目位置，设置警示标识和中文警示说明。

c. 用人单位与劳动者订立劳动合同时，应当在合同中写明可能存在的职业危害危险。劳动者因调换岗位或者工作内容改变而从事合同中未事先告知的存在职业危害的作业时，用人单位应当告知劳动者有关职业危害、职业卫生防护措施和待遇等内容，并协商变更原劳动合同相关条款。

⑥为了防止用人单位安排有职业禁忌的劳动者从事所禁忌的作业，规定：

a. 用人单位应当组织从事接触职业危害作业的劳动者进行上岗前、在岗期间和离岗时职业健康检查。

b. 用人单位不得安排未经上岗前职业健康检查的劳动者从事接触职业危害的作业；不得安排有职业禁忌的劳动者从事其所禁忌的作业；对在定期职业健康检查中发现有与所从事的职业相关的健康损害的劳动者，应当调离原工作岗位，并妥善安置；不得解除或者终止与未进行离岗前职业健康检查的劳动者订立的劳动合同。

c. 用人单位应当为劳动者建立职业健康监护档案，并按照规定期限妥善保存。

4）职业病的诊断管理。关于职业病的诊断管理，本法主要从以下三个方面作了规定：

①职业病诊断应当由医疗卫生机构承担。从事职业病诊断的医疗卫生机构由省级以上人民政府卫生行政部门批准，并在其《医疗机构执业许可证》上注明获准开展职业病诊断项目。

②劳动者可以在用人单位所在地或者本人居住地的医疗卫生机构进行职业病诊断。

③承担职业病诊断的医疗卫生机构在进行职业病诊断时，应当组织三名以上取得职业病诊断资格的执业医师集体诊断；职业病诊断证明书，应当由诊断医师共同签署，并经承担职业病诊断的医疗卫生机构审核盖章。

5）对职业病病人的治疗与保障。对从事接触职业危害因素作业的劳动者，发现患有职业病或者有疑似职业病的，必须及时诊断、治疗，妥善安置。据此，本法主要从以下几方面作了规定：

①用人单位应当及时安排对疑似职业病病人进行诊断；疑似职业病病人在诊断、医学观察期间的费用，由用人单位承担。

②用人单位应当按照国家有关规定，安排职业病病人进行治疗、康复和定期检查；职业病病人的诊疗、康复费用，按照国家有关工伤社会保险的规定执行；用人单位没有依法参加工伤社会保险的，其医疗和生活保障由最后的用人单位承担。

③用人单位在疑似职业病病人诊断或者医学观察期间．不得解除或者终止与其订立的劳动合同；用人单位对不适宜继续从事原工作的职业病病人，应当调离原岗位，并妥善安置；职业病病人变动工作单位，其职业病待遇不变；用人单位发生分立、合并、解散、破产等情形的，应当按照国家有关规定妥善安置职业病病人。

（5）《中华人民共和国矿山安全法》 1992 年，第七届全国人民代表大会常务委员会第二十八次会议通过《中华人民共和国矿山安全法》（简称《矿山安全法》）。这是我国第一部劳动安全卫生方面的专门法律，共分八章五十条，分别对矿山建设和开采的安全保障、矿山企业的安全管理和监督、事故处理、法律责任等作了规定。

（6）《中华人民共和国消防法》 1998 年 4 月 29 日，第九届全国人民代表大会常务委员会第二次会议通过《中华人民共和国消防法》（简称《消防法》）。该法共分七章七十四条。对火灾预防、消防组织、灭火求援、法律责任作出详细规定，主要内容如下：

该法规定国务院公安消防部门对全国的消防工作实施监督管理，教育、劳动等行政主管部门应当将消防知识纳入教学、培训内容。

1）火灾预防方面的规定。按照国家工程建筑消防技术标准需要进行消防设计的建筑工程，建设单位应当针对建筑工程的消防设计图纸及有关材料报送公安消防机构审核；建筑工程竣工时，必须经公安消防机构进行消防验收；未经验收或者验收不合格的，不得投入使用。

对于机关、团体、企业、事业单位规定下列消防职责：

①制定消防安全制度、消防安全操作规程。

②实行防火安全责任制，确定本单位和所属各部门、岗位的消防安全责任人。

③针对本单位的特点对职工进行消防宣传教育。

④组织防火检查，及时消除火灾隐患。

⑤按照国家有关规定配置消防设施和器材，设置消防安全标志，并定期组织检验、维修，确保消防设施和器材完好、有效。

⑥保障疏散通道、安全出口畅通，并设置符合国家规定的消防安全疏散标志。

对于消防安全重点单位，除上述职责外，还应当履行下列消防安全职责：

①建立防火档案，确定消防安全重点部位，设置防火标志，实行严格管理。

②实行每日防火巡查，并建立巡查记录。

③对职工进行消防安全培训。

④制定灭火和应急疏散预案，定期组织消防演练。

2）在消防组织上的规定。下列单位应当建立专职消防队，承担本单位的火灾扑救工作：

①核电厂、大型发电厂、民用机场、大型港口。

②生产、储存易燃、易爆危险物品的大型企业。

③储备可燃的重要物资的大型仓库、基地。

④第一项、第二项、第三项规定以外的火灾危险较大、距离当地公安消防队较远的其他大型企业。

⑤距离公安消防队较远、被列为全国重点文物保护单位的古建筑群的管理单位。

（7）《中华人民共和国工会法》 2001年修订的《中华人民共和国工会法》（简称《工会法》）对各级工会在安全生产工作中监督的权利和义务作了规定。

第二十二条 企业、事业单位违反劳动法律、法规规定，有下列侵犯职业劳动权益情形，工会应当代表职工与企业、事业单位交涉，要求企业、事业单位采取措施予以改正；企业、事业单位应当予以研究处理，并向工会作出答复；企业、事业单位拒不改正的，工会可以请求当地人民政府依法作出处理：

①克扣职工工资的。

②不提供劳动安全卫生条件的。

③随意延长劳动时间的。

④侵犯女职工和未成年工特殊权益的。

⑤其他严重侵犯职工劳动权益的。

第二十三条 工会依照国家规定对新建、扩建企业和技术改造工程中的劳动条件和安全卫生设施与主体工程同时设计、同时施工、同时投产使用进行监督。对工会提出的意见，企业或者主管部门应当认真处理，并将处理结果书面通知工会。

第二十四条 工会发现企业违章指挥、强令工人冒险作业，或者生产过程中发现有明显重大事故隐患和职业危害，有权提出解决的建议，企业应当及时研究答复；发现危及职工生命安全的情况时，工会有权向企业建议组织职工撤离危险现场，企业必须及时作出处理决定。

第二十六条 职工因工伤亡事故和其他严重危害职工健康调查处理，必须有工会参加。工会应当向有关部门提出处理意见，并有权要求追究直接负责的主管人员和有关责任人员的责任。对工会提出的意见，应当及时研究，给予答复。

第三十条 工会协助企业、事业单位、机关办好职工集体福利事业，做好工资、劳动安全卫生和社会保险工作。

第三十三条 国家机关在组织起草或者修改直接涉及职工切身利益的法律、法规、规章时，应当听取工会意见。

（8）《危险化学品安全管理条例》 现行《危险化学品安全管理条例》经2011年1月9日国务院第144次常务会议通过，由国务院第591号令公布施行。

《危险化学品安全管理条例》由八章一百零二条组成，分别为：第一章总则，共10条；第二章生产、储存安全，共17条；第三章使用安全，共5条；第四章经营安全，共10条；第五章运输安全，共33条；第六章危险化学品的登记，共9条；第七章法律责任，共22条；第八章附则，共6条。《危险化学品安全管理条例》是对危险化学品的整个生命周期进行规范和管理。

为配合本条例的实施，原国家经贸委又分别公布了《危险化学品登记管理办法》（国家经贸委35号令），《危险化学品经营许可证管理办法》（国家经贸委36号令）和《危险化学品包装物、容器定点生产管理办法》（国家经贸委37号令）。

（9）《特种设备安全监察条例》 现行《特种设备安全监察条例》经2009年1月14日国务院第46次常务会议通过，由国务院第549号令公布，自2009年5月1日起实施。

《特种设备安全监察条例》共分八章103条。第一章总则，第二章特种设备的生产，第三章特种设备的使用，第四章检验检测，第五章监督检查，第六章事故预防和调查处理，第七章法律责任，第八章附则。

（10）《工伤保险条例》 现行《工伤保险条例》经2010年12月8日国务院第136次常务会议通过，由国务院第586号令公布，自2011年1月1日起施行。

本条例共分八章六十七条。第一章为总则，第二章为工伤保险基金，第三章为工伤认定，第四章为劳动能力鉴定，第五章为工伤保险待遇，第六章为监督管理，第七章为法律责任，第八章为附则。

## 能力训练

一、填空题

1. 安全生产从广义讲是指保护劳动者在生产经营活动中的________、________和________。

2. 安全生产是社会经济________，________的需要。

3. 安全生产工作的方针是“________，________”。

4. 安全寓于生产之中，生产组织者和科技工作者在________实施过程中应当主动承担________。

5. 不服从管理或因玩忽职守，导致发生重大事故，致使________和________的，将受到刑事处罚，最高刑罚可达________徒刑。

6. 法律体系是指一定范围内的现行法律规范按照一定规则分类组合为法律门类而形成的________、________有机联系的统一体。

二、判断题

1. 安全生产是计划经济健康发展的需要。（ ）
2. 安全生产是保护劳动力，保护社会人力资源和社会财富的需要。（ ）
3. 国家保护妇女的权利和利益，实行男女同工同酬。（ ）
4. 用人单位应当保证劳动者每周至少休息一日。（ ）
5. 未成年工是指未满十八周岁的劳动者。（ ）
6. 女职工生育享受不少于六十天的产假。（ ）

三、简答题

1. 实施“安全第一，预防为主”的方针，必须克服的几种错误思想是什么？
2. 安全生产法规的作用是什么？
3. 按照我国的立法规则，安全生产法规体系应包括哪些？

# 第六章 质量管理

**学习目标**

1. 了解质量目标及标准。

2. 理解 ISO 9000 标准。

## 第一节 质量概述与全面质量管理

### 一、质量的概念

质量有广义和狭义之分，广义的质量是指产品、过程或服务满足规定要求的特征和特性总和，它包括产品质量、工序质量和工作质量；狭义的质量单指产品质量。

### 二、质量目标与标准

对于企业生产部门而言，要有一个总目标，部门所属各生产单位及各个生产环节或各项目又有质量分目标。这样生产主管从“制订目标—说明目标—实现目标—跟踪目标”才能形成一个质量目标管理体系。

制订质量目标与质量信息有密切关系。质量目标应定量化和书面化，这样有助于员工积极参与绩效管理和激励员工提高生产绩效。

质量不但影响企业的盈利能力，而且在国际范围内受到广泛重视。遵循质量标准意味着更少的废品和更低的成本，同时为企业带来信誉。

### 三、全面质量管理

1. 全面质量管理的概念

全面质量管理是在企业中以质量为中心、建立全员参与基础上的管理，是用全面的方法管理全面的质量。

全面的方法包括：运用科学的管理方法，建立健全的规章制度和质量保证体系；运用数理统计的方法对产品质量进行数据分析，观察生产过程的稳定状态，分析影响产品质量的因素变化，进行各阶段的质量控制；运用现代电子技术、通信技术对质量信息进行处理等。

全面的质量是指产品质量、生产质量和工作质量等。

2. 全面质量管理的特点

（1）采用科学而系统的方法满足用户需求　在全面质量管理中“用户至上”是十分重要的指导思想，也就是指产品质量的好坏最终要以用户的满意程度为标准。为了使这一指导思想有效地贯彻落实，对产品性能进行定量描述的质量功能配置（QFD）方法在工业发达国家得到了广泛应用，并获得了巨大的经济效益。把产品的性能（功能）放在产品开发的中心地位，对产品性能进行定量描述，实现对功能的量化评价。以上都是根据用户需求开发出“高质量、低成本、短周期、适销对路”产品的有效手段。

（2）以预防为主的事先控制的新时期　预防性质量管理是全面质量管理区别于质量管

理初级阶段的特点之一。在产品的生产阶段，计算机的预报、诊断技术及控制技术受到越来越广泛的重视，使生产过程的预防性质量更为有效。

(3) 计算机支持的质量信息管理　质量信息的及时处理和传递也是生产过程中质量控制的必要条件。信息技术、计算机集成制造的发展为企业实施全面质量管理提供了有力的支持。CAQ系统及集成质量系统在计算机网络及数据库系统的支持下，不仅可以及时地获得正确的质量信息，有效地实现对全过程的管理，而且使企业的全体人员以先进的、高效率的方式参与全面质量管理。

(4) 突出人的因素　与质量检验阶段和统计质量管理阶段相比较，全面质量管理阶段格外强调调动人的积极因素的重要性。只有加强全体员工的质量意识，充分发挥其力量和智慧，才能完善所有环节和细节，最终取得整体意义上的质量提升。

3. 全面质量管理的基本内涵

(1) 全面的质量概念　质量不光是产品的技术性能，还包括服务质量和成本质量（价格要低廉）。质量由设计质量、制造质量、使用质量、维护质量等多种因素构成。质量是设计、制造出来的，而不是检验出来的。

(2) 全过程质量管理　其范围是产品质量产生、形成和实现的全过程，包括市场调查、研究、开发、设计、制造、检验、运输、储存、销售、安装、使用和维护等多个环节和整个过程的质量管理。

(3) 全员参与的质量管理　调动企业所有人员的积极性和创造性，使每一个人都参与到质量管理工作中来。

(4) 全企业质量管理　企业各管理层次都有明确的质量管理活动内容，产品质量职能分散在企业各有关部门，形成一个有机体系。

(5) 运用一切现代管理技术和管理方法　美国著名质量管理专家戴明曾提出：在生产过程中，造成质量问题的原因只有10%～15%来自工人，而85%～90%是企业内部在管理上有问题。由此可见，质量不仅仅取决于加工这一环节，而是涉及企业的各个部门、各类人员。

## 四、生产过程的质量管理

1. 组织质量检验工作

质量检验是绩效管理中最传统的质量保证方法。时至今日，质量管理与控制的重点虽然已经转移到产前阶段的设计、工艺工程和物料采购等各种预防活动上，但检验仍是提高生产绩效必不可少的环节。

当进行检验时，产品质量总可以从计数和计量两个方面来衡量。计数值检验将产品分为合格品及缺陷品，它并不标出缺陷的程度。计量值检验衡量诸如重量、速度、高度或强度等指标，来检验指标是否落在可接受范围内。

检验环节包括原材料进厂检验、工序检验和产品出场检验。其中工序检验的方式方法较多（见表6-1），可根据具体情况加以选择。

**表6-1　工序检验的方式方法**

| 分类标志 | 工作过程的次序 | 检验地点 | 检验数量 | 预防性检验 |
|---|---|---|---|---|
| 检验方式方法 | 预先检验<br>中间检验<br>最后检验 | 固定检验<br>流动检验 | 全数检验<br>抽样检验 | 首件(批)检验<br>统计检验 |

2. 组织和促进文明生产

要求实现均衡生产，制订并遵守工艺纪律：制品码放整齐、储运安全，设备整洁完好，工具存放有序，工作环境人性化。

3. 组织质量分析，掌握质量动态

质量分析应包括废品（不合格品）分析和成品分析。

通常用来分析的质量指标有两类：一类是产品质量指标，如产品等级率、产品寿命等；另一类是工作质量指标，如废品率、不合格品率等。

4. 组织工序的质量控制，建立管理点

质量控制（Quality Control）是为了达到质量要求所采取的作业技术和活动。它贯穿于质量形成的全过程，包括质量检验、设计质量控制、工序质量控制、工作质量控制、供货商质量控制和成本质量控制等。在这里主要介绍工序质量控制和质量成本控制。

（1）质量控制程序　确定控制对象；制订控制计划和标准；实施控制计划，并在实施过程中进行连续监视、评价和验证；纠正不符合设计和操作程序的现象；排除质量形成过程中的不良因素，恢复正常状态。

（2）质量控制方法　在现代质量工程中，经常采用的质量控制方法基本都是基于数理统计原理的，如分层法、排列图、因果分析图、直方图、散布图和统计分析表等。

在产品质量控制中，主要是实现对加工过程的控制，称为工序质量控制。在工序质量控制中，最主要的工具是控制图。

（3）工序质量控制　工序质量又称过程质量。工序质量的高低主要反映在过程输出的合格率、废品率或返修率上，直接影响生产绩效。

影响工序质量的六个因素为：人（操作者）、机（设备）、料（原材料）、法（操作方法及规范）、测（检验和测量）、环（工作环境）。

工序质量控制主要包括以下内容：

1）对生产条件的控制，也就是对影响工序质量的六因素进行控制。

2）对关键工序的控制。

3）对计量和测试条件的控制。

4）质量管理部门对不合格产品的控制。

（4）质量成本管理与控制　质量成本指的是当生产的产品不是100%合格时，为产品质量而增加到生产当中的全部成本。其包括返工成本、废品成本、重复维修成本、检验成本、试验成本、保修费以及其他与质量有关的成本。国际标准认为，一个运行良好的质量管理计划，其正确的质量成本应占销售额的2.5%以下。

通过对质量成本进行统计、核算、分析、报告和控制，有助于找到降低成本的途径，进而提高企业生产绩效。

质量成本的控制方式可分为事前控制、事中控制和事后控制三种。

1）事前控制。实现确定控制标准，按质量成本计划所确定的目标作为控制依据，分解落实到单位、班组和个人。各单位采用费用限额控制的方法进行质量成本控制，以便于对费用检查和评价。这种方式虽不能及时控制，但由于操作简单，仍使用广泛。

2）事中控制。以阶段质量费用要求作为计划目标，对日常发生的费用对照计划进行检查对比，以便广泛及时发现问题并采取措施。质量控制图就是这种控制方式的具体应用。使用这种方法的关键是需要有一种有效手段来监测受控对象，受控对象才能实施。

3）事后控制。查明实际质量成本费用偏离目标的问题和原因，在此基础上提出切实可行、有效的改进措施，以便为下一个计划期改进质量、降低成本提供决策依据。这是一种防患于未然的最有效的思想，但是要能够预见到种种不良的影响因素是不容易的。

（5）管理点的确定　通常，下列情况之一的工序应作为管理点：

1）关键工序或关键部位，即影响产品主要性能和使用安全的工序或部位。

2）质量不稳定的工序。

3）出现不合格品较多的工序。

4）工艺本身有特殊要求的工序。

5）对以后工序加工或装配有重大影响的工序。

6）用户普遍反映或经过试验后，反馈的不良项目。

## 第二节　ISO 9000 系列标准

### 一、ISO 9000 系列标准的由来

为了适应国际贸易和国际间技术经济合作与交流的需要，提高世界范围内的质量管理水平，国际标准化组织（International Orgnization for Standardization，ISO）于 1987 年颁布了 ISO 9000“质量管理和质量保证”系列标准。它是在总结世界各国管理经验的基础上产生的，是一套综合性质的标准。它标志着质量管理和质量保证标准走向了规范化、系列化和程序化的世界高度。

ISO 9000 的覆盖范围十分广泛，可适用于所有企业。这些标准确认和界定了一个企业（无论只是一个生产车间或一家跨国公司）进行稳妥经营所必须具备的一些基本要求。

### 二、ISO 系列标准的种类

ISO 系列标准包括五个文件，即从 ISO 9000 到 ISO 9004。

1）ISO 9001 适用于产品的初次开发、生产、测试、安装以及维修保养等一系列的过程。

2）ISO 9002 适用于企业的采购、生产和安装。

3）ISO 9003 只适用于生产过程中的试验。由于它的标准较低，一般声明自己只具备 ISO 9003 的供应商，并不能给人留下好印象。它主要与最终检查和测试的质量标准有关。

4）ISO 9004 则包括一些与某些特定的工业应用标准相关的文件。

ISO 9000 比较笼统，这是为了让企业能按照自己经营的特点对标准中的要求进行解释。从经营实际来看，ISO 9000 对企业很有价值，因为它提供了一个框架，使企业能够评价自己现在处于什么地位，将来要处于什么地位。人们常用最简单的一句话将其表述为：“ISO 9000 指导你将做什么形成文件，然后按文件去做”。

### 三、ISO 9000 的控制范围

1. 文件与资料的控制

2. 内部质量审核

3. 管理复审

4. 纠正和预防措施

第三产业质量标准的“三大规范”如下：

1）服务规范应包括对所提供服务的完整而精确的阐述。

2）服务提供规范应包括描述服务提供过程所用的方法。

3）质量控制规范应能有效地控制每一服务过程，以确保服务始终满足服务规范和顾客需要。

**四、全面质量管理与 ISO 9000 系列标准的关系**

全面质量管理作为以质量为中心的现代管理方式，是指企业为了保证和提高产品质量综合运用的一整套质量管理思想、体系、手段和方法，它已发展成为指导企业质量管理的学科。

ISO 9000 系列标准则是在总结各国质量管理经验的基础上，经过广泛研究协商，由国际标准化组织所制定的一系列管理和质量保证标准，它在技术合作、贸易往来上作为国际认可的标准规范。

虽然两者的形式和作用不同，但 ISO 9000 系列标准实质上是全面质量管理思想的延续。

1. 两者间的一致性

（1）遵循的原理相同　其质量体系建立所依据的原理都是朱兰博士提出的“质量进展螺旋曲线”，即“质量环”。

（2）基本要求一致　其基本特征包括质量、全过程管理、全面参与以及全面的综合利用各种科学方法。

（3）指导思想及管理原则相同　都同样贯彻以下思想：系统管理、为用户服务、预防为主、过程控制和全面参与等。

（4）强调领导作用　全面质量管理强调必须从领导开始，系列标准首先规定了企业领导的职责，都要求企业领导必须亲自组织实施。

（5）重视评审　全面质量管理重视考核与评价，系列标准重视质量体系的审核、评审和评价。

（6）不断改进质量　两者都强调任何一个过程都可以不断改进、不断完善。

因此，两者可以互相结合，互相促进。全面质量管理可以把建立质量体系作为自己的基本要求，系列标准则把建立质量体系作为达到全面质量管理的必经之路。推行系列标准可以促进全面质量管理的发展并使之规范化，还可以实现与国际合作伙伴间的双边或多边认可；系列标准也可以从全面质量管理中吸取先进的管理思想和技术，不断得到完善。

2. 两者间的差别

1）虽然都讲全面质量，但 ISO 9000 的质量含义比全面质量管理所讲的质量含义更广。前者对质量的定义是“反映实体满足明确和隐含需要的能力的特性综合”，这里的实体是指可以单独描述和研究的事物，可以是活动或过程、产品、组织、体系、人或它们的任何组合；而后者所指的全面质量是产品的设计质量、制造质量、使用质量、维护质量等。

2）虽然都指全过程控制，但 ISO 9000 强调文件化，全面质量管理更重视方法和工具。

3）ISO 9000 是通用的标准，可比较、可检查、可操作，而全面质量管理没有规范化。

4）按 ISO 9000 能够进行国际通用的认证，全面质量管理则不能。

上述差别都不是什么关键问题，不影响两者之间相容、相通和相近的主流。

## 第三节　PDCA 循环工作法

PDCA 循环工作法是传统的全面质量管理的基本工作法。经过众多企业的质量改进经验证实，PDCA 循环方法是迄今为止质量改进最有效的方法。该工作法用四个阶段、八个步骤来展示反复循环的工作程序。

**一、计划阶段**（Plan）

1）找出质量存在问题；

2）找出质量问题的原因；

3）找出主要原因；

4）根据主要原因，制订解决对策。

**二、实施阶段**（Do）

按制订的解决对策认真付诸实施。

**三、检查阶段**（Check）

调查分析对策在执行中的效果。

**四、处理阶段**（Act）

1）总结执行对策中成功的经验，并整理为标准巩固。

2）执行对策中不成功或遗留的问题转入下一个 PDCA 循环解决。

PDCA 循环对全企业可划大圈循环，各部门、各车间班组在大圈循环中又有各自范围的小圈循环，形成大圈套小圈。每循环一次，质量提高一步。

在应用 PDCA 的过程中，一般用 5W2H 方法来拟订对策（见表 6-2）。

**表 6-2　5W2H 方法**

| 5W2H | 说　明 | 对　策 |
|---|---|---|
| What（做什么？）<br>Why（为什么做？）<br>Where（在何处做？） | 要做的是什么？该项任务能取消吗？<br>为什么这项任务是必要的？<br>在哪儿做这项工作？必须在那儿做吗？ | 取消不必要的任务 |
| When（何时做？）<br>Who（谁来做？） | 什么时间是做这项工作的最佳时间？<br>必须在那个时间做吗？<br>谁来做这项工作？应该让别人做吗？<br>为什么是我做这项工作？ | 改变顺序或组合 |
| How（怎么做？） | 如何做这项工作？众多方法中哪个最好？ | 简化任务 |
| How much（花费多少？） | 现在的花费是多少？改进后将花费多少？ | 选择一种改进方法 |

## 能力训练

一、填空题

1. 质量从广义上讲，包括________、________和________。

2. 质量不但影响企业的________，而且在________内受到广泛重视。
3. 全面的质量是指________、________和________等。
4. 质量不光是产品的________，还包括________和________。
5. 质量分析的一类工作质量指标应包括________率和________率等。
6. 质量成本的控制方式可分为________、________和________三种。

二、判断题

1. 全面质量管理是在企业中以质量为中心的。（ ）
2. 质量是检验出来的。（ ）
3. ISO 9000 的覆盖范围十分广泛，可适用于所有企业。（ ）
4. ISO 9003 适用于初次开发和生产过程中的试验。（ ）
5. ISO 9002 适用于企业的采购、生产和安装。（ ）

三、简答题

1. 全面质量管理的特点有哪些？
2. 全面质量管理的基本内涵是什么？
3. 生产过程的质量管理包括哪几方面？
4. ISO 系列标准的种类分为哪些？

# 第七章　班组成本管理

**学习目标**

1. 了解班组成本管理的概念及要求。
2. 掌握班组成本的核算及控制方法。

产品成本是企业经营水平的综合反映。产品成本的高低，体现着企业经营活动的效率。班组作为企业的细胞，也必须对生产中的成本进行核算、控制，以便从企业基层入手进行成本管理。

## 第一节　班组成本管理概述

### 一、产品成本的概念

企业生产产品要发生耗费，消耗原材料、燃料和劳动力等；销售产品也要支付一定的销售费用，如广告费、销售人员的工资等。此外，产品的包修、包退和包换费用，材料和产品的额外损失，企业借款的利息，也都应列入产品的成本。所以说，产品成本是企业为生产和销售一定的产品所发生的各项费用的总和。产品成本是反映企业生产经营活动的一个综合性指标。产品成本的高低，关系到企业能否为社会提供更多物美价廉的产品，能否提高产品的市场竞争能力，以及能否取得更大的经济效益的问题。

### 二、产品成本的构成

为了正确计算产品成本，必须将构成成本的各项费用进行分类。这对于编制成本计划，核算和分析成本，比较各时期及各企业间的成本水平，寻找降低成本的途径，都具有重要的意义。如果不了解产品成本的构成，不知道哪些耗费属于哪项成本，就无法编制成本计划，核算和分析成本更无从谈起。

产品成本的分类方法，主要有以下几种：

1. 按成本的经济性质划分

可分为外购材料、外购燃料、外购动力、工资及福利费、折旧费、大修理基金、利息支出和其他支出。

这种分类方法，是根据企业在制造产品时所耗费费用的本来形态来划分的，它把经济性质相同的费用都归纳在一起，用以反映企业在一定时期内各类生产费用的支出状况，分析比较企业在各个时期生产费用的支出水平。

2. 按成本的经济用途和发生地点划分

（1）原材料费　原材料费指构成产品实体的原料、主要材料、外购半成品以及有助于产品形成的辅助材料的费用。

（2）燃料和动力费　燃料和动力费指工业生产用的外购和自制的燃料和动力的费用。

（3）工资和福利费　工资和福利费指直接参加生产产品的生产工人的工资，以及根据国家规定提取的职工福利费。

(4) 废品损失 废品损失指生产过程中产生废品所发生的一切损失。

(5) 管理费用 管理费用指为组织和管理企业的生产经营活动所发生的一切费用。

(6) 销售费用 销售费用指企业为销售产品所支出的一切费用。

对于这种分类方法，由于是按费用的经济用途和发生的地点来归纳的，所以可以为成本核算、考核以及成本管理提供资料。

**三、成本管理的内容**

企业成本管理是指企业为不断降低成本，从产品研制开发到生产销售的全过程，对所有费用的发生和成本的形成进行的计算、控制、核算和分析等管理活动。

企业成本管理的内容包括：确定成本目标；编制成本计划；进行成本控制；搞好成本核算和分析，提出降低成本的措施和建议。

现代企业生产过程的复杂性决定了成本形成过程的复杂性，这就要求成本管理应做到以下几个方面。

1. 全过程的管理

要求从产品研制、原材料供应、产品生产和销售等生产经营过程的各个阶段、各个环节都进行成本管理、控制和考核。

2. 综合性的管理

要求企业对影响产品成本高低的各种技术经济因素进行全面地调查研究和综合分析，不漏过任何一个因素，逐一地采取多种措施，改进技术经济状况，寻找降低成本的途径。

3. 预防性的管理

对产品形成的各个阶段、各项费用的支出，进行科学的预测，做好有计划的分析和控制，预防可能发生偏离计划的各种问题。

4. 全员的管理

要求企业各部门、各车间、各班组和广大职工，都要结合自己的工作，采取不同的形式，参加成本管理工作，想方设法降低企业的成本。

## 第二节 班组成本管理的要求

班组成本管理是企业成本管理的一个有机组成部分。它是把企业整体的成本目标层层分解，具体落实到班组，确定每个班组必须达到的成本目标，以保证整个企业成本管理的顺利进行。

每个班组成员在实际的生产工作中，都要切实地遵照成本管理的要求，做好本职工作，防止跑、冒、滴、漏等现象的发生，使成本降到最低，落实班组成本管理的目标。班组成本管理的具体要求如下：

**一、根据企业、车间成本管理的目标，确定班组的成本目标**

各班组长可以在企业、车间领导和成本管理人员的指导下，结合班组的实际生产情况、工作条件以及人员素质提出班组内部的成本管理目标。企业领导在对企业成本管理目标层层分解的过程中，应该参考各班组提出的成本管理目标，最后确定一个符合班组实际情况的班组成本管理目标。

**二、根据成本管理的目标，建立一整套目标管理制度**

各个班组要根据自己的成本目标，组织班委会成员讨论如何实现这些成本目标，拟订一个班组成本管理细则，让班组成员对该细则进行讨论，提出意见，经过修改，最终形成一整套制度。

**三、抓好制度落实，提高班组成本管理水平**

建立成本管理制度后，必须狠抓落实，否则，制度就会流于形式。班组长可以与班组成员签订成本控制责任书，实行奖金和成本控制结果挂钩的制度，对每个人的劳动情况进行日考核、上榜公布、按月计奖，并实行“三公开、一监督”制度，即奖金分配方法公开、月底考核结果公开、奖金数额公开、接受大家监督。这样，每个人心中都会有一本账，成本控制比较严的个人，得到的奖金就多，成本控制不严的个人，奖金就少。这样一来，先进与后进就拉开了差距，有利于更好地进行管理，提高班组成本管理的水平。

## 第三节　班组成本核算

成本核算是企业进行生产和经营管理的一项基本原则，也是企业实行科学管理和民主管理的一个有效方法，是全面降低企业成本的重要手段。

企业班组的成本核算，就是对班组的生产耗费、生产成本折合成货币形式进行记录、计算和对比，通过算账活动，对生产活动的经济效果进行考察等一系列管理活动的总结。

**一、班组成本核算的概念**

班组成本核算是按照全面经济核算的要求，以班组为基础，用算账的方法，对班组经济活动的各个环节的成本费用进行预测、记录、计算、比较、分析和控制，并作出经济评价的组织管理工作。

成本核算包括多方面的工作，如成本预测、成本计算和成本分析等，是一系列的管理活动，将在下面具体介绍。

**二、班组成本核算的意义和作用**

企业的经济活动大部分要通过班组来进行，企业的经济效果，很大程度上要通过班组来实现。也就是说，班组是企业各项技术和经济管理工作的落脚点，班组成本核算是企业成本核算的基础。通过成本预测、记录、计算、比较、分析和控制，核算出班组的消耗，并加以检查，找出哪里有漏洞，哪里有潜力，从而使提高经济效益有明确的方向。

具体地说，班组成本核算的意义和作用体现在以下几个方面：

*1. 指导经济活动*

开展班组成本核算，及时地反映班组的成本信息，不但能使班组长和班组内的职工及时掌握本班组的成本控制情况，而且可以通过厂内报表的形式逐级上报，为管理和决策部门及时解决问题提供可靠的依据。

因此，班组的成本核算，对于指导车间和企业的经济活动都有着不可忽视的作用。

*2. 落实成本责任制*

班组成本核算是企业整体的成本指标层层分解落实最基础的环节。通过开展班组成本核算，制订和落实班组成本责任制，把企业的各项成本目标进一步分解、落实到班组和个人，就可以进一步明确班组与企业、班组与个人的经济责任，增强班组职工自觉当家理财的责任感，充分调动他们节约成本的积极性，从而使整个企业的成本降到较低的水平。

3. 提高经济效益

开展班组成本核算，能够促使工人更加关心企业的成本消耗情况，更加了解自己和班组在当天和当月的消耗情况，从而发现问题，及时研究改进措施，力求以较少的消耗生产出更多、更好的产品。

如果没有班组成本核算，不泛泛地强调节约成本，降低消耗，也许可以收到一定的效果；但由于职工心中没有一个明确的指标，从而也不可能从数字上发现问题，成本降低的活动便不能取得较好的效果。

只有通过成本核算，发动和依靠广大基层职工搞好核算，企业成本才能不断降低，经济效益的不断提高才有了可靠的保证。

4. 兼顾国家、企业和职工三者利益

通过开展成本核算，分清每个职工的成本管理责任，明确每个职工对成本控制贡献的大小，才能据此确定每个职工的奖金和收益情况。成本核算搞得好的班组，都能有效地促进职工从自己的经济利益上关心班组的成本消耗情况，努力节约开支，并在企业发展过程中，以全局利益为重，做到国家、企业和个人三者利益兼顾。

## 三、开展班组成本核算的基本条件

开展班组成本核算必须具备一定的条件和基础。根据各企业的实践，开展班组成本核算的基本条件主要有以下几个方面：

1. 企业的成本核算体系已经建立

班组职工特别是班组长的成本核算意识要比较强，并有一位责任心较强的、业务比较熟练的工人担任兼职核算员。

2. 制订成本定额

企业的定额是分门别类的，各个班组设计的定额又千差万别，要把企业的各种定额运用到班组中去，必须结合各个班组的具体实际，核算到每个工序。有关成本的定额主要是：原材料消耗定额，半成品消耗定额，燃料、动力消耗定额，辅助材料消耗定额，零星材料消耗定额等。有些定额是企业已经有的，班组可以直接采用；有些定额未具体到工序，班组可根据实际资料加以计算，以便班组内部进行成本核算。

3. 建立工序计量手段

工序计量是指用一定的工具，对各工序的各种物资按照各自的特点，如长短、大小、轻重以及件数等进行测量。班组工序之间需要计量的东西很多，主要有原材料或半成品、产成品，以及油、水、电、汽、风等能源消耗的计量。一般的计量工具有仪器、仪表、量具、容器和衡器等。

建立工序计量，是开展班组成本核算的前提条件。也就是说班组进行成本核算时，班组内各个工序都要先计量一下自己的成本消耗，如果没有计量手段，物质消耗的多少就无法知道，工序之间的责任也难以分清，更谈不上成本指标的分解、落实和考核。

4. 建立、健全有关物质消耗的原始记录、报表

通过原始记录、报表来反映班组的生产活动情况，为班组成本核算、分析、评比、考核和奖惩提供资料依据。

## 四、班组成本核算的内容和步骤

班组成本核算的内容，应根据班组的特点和生产的实际需要，本着干什么、管什么和算什么的原则来确定，以达到有利生产，方便群众，简单、明确地反映班组生产消耗的目的。

班组成本核算首先要进行成本考核，其实施步骤如下：

### 1. 计算出各种材料、能源的需用量

在具体计算时，要按每一类材料，每一个具体品种分别计算。不同用途、不同种类的材料，具体需用量的计算方法不尽相同，归纳起来，主要有直接计算法和间接计算法。

（1）直接计算法　直接计算法，是根据计划任务和材料消耗定额来直接确定材料需用量的方法。这种计算方法比较准确，凡有条件（即有定额）的材料品种，应尽可能用这种方法来确定材料需用量。其计算公式为

$$\text{某种原材料需用量}=(\text{计划产量}+\text{技术上不可避免的废品数量})\times\text{单位产品该材料消耗定额}-\text{计划回用该材料废品数量}$$

$$\text{某种辅助材料需用量}=(\text{计划产量}+\text{技术上不可避免的废品数量})\times\text{单位产品该种材料消耗定额}$$

（2）间接计算法　间接计算法，也叫比较计算法。它是按一定的比例或系数，来估算材料需用量的方法。这种计算方法，主要适用于某些不便于制订消耗定额或消耗量不大的辅助材料。其计算公式为

$$\text{某种辅助材料需用量}=\text{本期计划产量}\times(1-\text{可能降低消耗的百分比})$$

### 2. 设定一些考核指标，对班组的成本进行考核

计算出材料、能源的需用量，也就是计划消耗量以后，将原材料、燃料、动力与计划限额进行对比，实际单耗超过计划限额的，标明超支；实际单耗低于计划限额的，标明节余。这就是成本核算。

具体的计算公式如下：

$$\text{材料能源单耗节余(超支)数}=\text{实际单耗}-\text{定额单耗}$$

$$\text{材料能源总耗节余(超支)数}=\text{材料实际总耗}-\text{材料计划总耗}=\text{实际产量}\times\text{实际单耗}-\text{实际产量}\times\text{定额单耗}$$

$$\text{材料能源实际单耗}=\frac{\text{实际总消耗量}}{\text{合格产品产量}}$$

$$\text{材料利用率}=\left(\frac{\text{产品实际用料数量}}{\text{材料总消耗量}}\right)\times100\%$$

$$\text{材料费用节余(超支)额}=\left(\text{材料实际总耗量}-\text{材料计划总耗量}\right)\times\text{材料单价}=\text{实际产量}\times(\text{实际单耗}-\text{定额单耗})\times\text{材料单价}$$

$$\text{辅助材料、工具费用节余额}=\text{月领用限额}-\text{月实际领用金额}$$

### 3. 按各种成本指标进行成本分析

成本分析是根据成本计划对实际成本进行评价。班组成本分析的目的是为企业从基层起就改进管理，节约劳动耗费，寻找降低成本的途径，求得最佳的经济效益。成本分析应贯穿于班组成本管理的全过程。

（1）成本分析的方法　比较分析法也称为对比法。它是将本期实际成本与计划成本相对比，与上期实际成本对比，与历史最好的成本水平对比，与同行业先进水平对比，与国外同一产品的生产成本对比。从中找出与其他企业的差距，有利于在今后工作中加以改进。

因素分析法是分析某一计划指标的完成情况受哪些因素的影响以及影响的程度，从而确定成本上升或下降的主要影响因素，在以后的生产中注意改进，使导致成本上升的因素少发挥作用或不发挥作用，从而使导致成本降低的因素多发挥作用。如：通过因素分析法发现生产中剩余的边角料被完全丢弃，造成严重浪费，导致生产成本上升。其实很多边角料还可以再加以利用，在以后的生产中就应该要求职工多注意边角料的利用，节约企业成本。

（2）成本计划完成情况分析的主要内容　产品成本计划完成情况的一般分析是根据定期（月、季、年）的成本报表和成本计划资料所进行的总括性的一般分析和评价。其目的在于弄清班组内本期生产全部产品的实际总成本比计划总成本是降低还是升高，查明所发生的差异是由哪些因素造成的，明确进一步分析成本的方向。

对成本项目进行分析，通过对材料费用、工资项目以及班组其他费用的分析，查明各种具体原因，以便采取有效措施加以解决。

通过同行业产品的成本、同生产同种产品的班组进行成本对比，找出差距，向先进班组学习，明确降低成本的努力方向。

## 第四节　班组成本控制与成本责任制

### 一、班组成本控制的基本内涵

班组成本控制是指在产品成本形成的整个过程中，班组对每项成本形成的具体活动进行严格的监督，及时纠正发生的偏差，使各种费用、消耗的发生限制在规定的范围内，以保证成本控制目标实现所进行的各项工作。

班组成本控制主要有以下内容：

1）产品投产前班组集体可以就有关产品的设计、工艺、设备、工装和材料的选用，向企业设计部门建议，采取最佳方案，制订合理的消耗定额和成本计划。对于企业制订出的能够降低成本的方案，要严格执行。

2）班组要制订各项成本控制标准。包括在成本计划中规订的各项指标费用开支预算、各项费用支出的限额等。

3）在成本计划的执行过程中，班组长监督成本的形成过程，按照成本标准对实际成本所产生的差异，及时分析处理。

4）针对造成实际消耗偏离标准成本的原因，提出建议，并采取改进措施，纠正偏差。

### 二、班组能耗计划与定额

班组能耗计划是班组生产作业调节的组成部分，也是落实班组生产作业计划的重要保证。能耗定额，则是制订耗能计划和考核生产用能节约与否的重要依据，可以促进班组合理使用能源，千方百计搞好技术革新、挖潜、改造和大幅度降低能耗，是提高生产技术水平和能源管理水平的重要手段。

制订出能耗计划和定额后，根据单位消耗定额和计划单价就可以计算出能源消耗的计划费用。

在实际工作中，可以能源消耗的计划费用为标准，采取一定的措施，降低能源的消耗，具体作法如下：

1）在实践中逐步摸索，找到能够显著降低能源消耗的工作方法，在资金比较宽裕的情况下，首先将资金用于老设备更新改造，采用能耗较低的先进设备，搞好余能回收再利用。

2）制订节能措施，落实节能任务。班组节能管理，必须像开展全面质量管理那样，实行全方位的、全过程的、全员的以及综合性的管理。这就要求把班组的节能措施和节能任务落实到班组的每项工作、班组生产施工的各个环节、各个工作地和每个人，做到班组每一件细小的事情，只要是与耗能有关的，都成为班组的一个节能管理点。只有这样，才能使班组的每一个成员，从班组长到各岗位的工人，都能在班组的节能工作中负起责任，献计献策，尽最大努力，做出成效。

3）经常检查监督，杜绝点滴浪费。搞好班组节能管理，重点是要抓好日常耗能检查与监督工作。也就是要从一人一事，从一点一滴抓起，并要发动全班这样做。班组长和节能管理员要坚持巡回检查制度，要把每个节能管理点，当作巡回检查点，对每个供电、供油、供水以及供气的计量仪表、阀门部位都要直接检查，直接监督，发现问题及时解决，并作好原始记录，作为考核、评比和奖惩的依据。

4）搞好考核评比，落实节能效果。搞好考核评比对推动班组群众性节能活动的深入持久开展，有着重要意义。既要提出任务要求，又要重视考核评比，才能做到奖惩兑现。要把节能与完成任务同时进行考核。只有这样做，才能充分调动班组成员搞好节能的自觉性，巩固节能成果，克服只顾生产、不重视节能甚至浪费能源的偏向，使班组的群众性节能活动搞得扎扎实实。

**三、班组材料节约与合理利用**

企业物资的消耗数量直接关系到企业生产产品的成本，而成本的高低又直接关系到企业与其他企业竞争力量的强弱。节约和合理利用材料，提高原材料的利用率，可以用同等数量的原材料生产出更多的产品；或生产同一数量的产品，减少原材料的耗费量，这实际上是相对地减少了产品的生产成本，可以为消费者提供较其他企业更为物美价廉的商品，赢得消费者的青睐，相应地提高了企业的产品竞争力，对于企业的发展和壮大有着重要意义。因此，各企业特别是直接消耗原材料的基层班组，在生产施工中，必须坚持“生产与节约并重”的原则，时时处处注意节约和合理利用原材料。

节约和合理利用原材料主要有以下几个基本途径：

1）提高产品质量和工作质量，降低废品率，增加优质品率，使产品和建设工程延长使用寿命，避免产品的提早报废，节约使用材料。

2）采用先进工艺和设备，大搞技术革新，提高工效，节约工时，降低消耗定额。

3）采用合适的材料或质优价廉的新型材料，就近、就地取材或用人造材料代替外地采购的天然材料。

4）开展材料综合利用，变一用为多用，变小用为大用，变无用为有用。

5）交旧领新，回收散失器材，搞好修旧利废。

班组生产施工所需的各种材料，一般都是按月计划领用。由于班组一般都没有专门的材料库房，材料领回后，有的一时不能用完，但又没有合适的场所堆放，很容易造成腐烂变质、丢失损坏。为此，必须切实做好材料的临时收藏和保管工作。对班组材料保管有以下三个主要要求：

1）凡领用的贵重材料、小材料，必须在室内挤出合适的地方来存放，特别贵重的物品要专门建立一个材料柜，由专人负责材料的收发，平时加锁保管，按定额发放使用。

2）凡领用的机器设备、钢材、木材、水泥和砖瓦砂石等必须有专人负责日夜看守，以免风吹、日晒和雨淋，造成腐烂变质，丢失损坏。

3）野外施工必须做到工完料净，把剩余的材料全部回收，登记入账，留作备用。

**四、组织和发动职工开展降低成本的活动**

降低成本是成本管理的直接目的。企业走向市场后，成为一个自主经营、自负盈亏的实体，企业要参与市场竞争，必须降低产品成本。

降低产品成本的途径，一般包括增产和节约两个方面。增产可以降低产品成本中的固定费用，从而降低产品的成本；节约则可以直接降低产品成本。

增加生产，提高劳动生产率，节约劳动时间，这是降低成本的一个重要途径。劳动生产率的提高，意味着单位时间内产量增加或表现为单位产品工时消耗的减少。这样一来，不仅可以减少单位产品成本中的工资费用，而且分摊到单位产品成本中的一些固定费用也会相应地降低。为了降低成本，要发动职工积极生产，不断提高劳动生产率，对于一些难、重、脏活要班组长起带头作用。

节约原材料等物质消耗，对降低产品成本也具有重要的作用。因为一般物资消耗占成本费用比重较大，充分利用物资资源，节约使用原材料等物资消耗，提高固定资产利用率，就成为降低产品成本的主要方面。

提高产品质量，减少废品损失，也可以降低产品成本。可以通过不断采用新技术，改进工艺流程和操作方法，严格执行质量检验制度，特别是推行全面质量管理的办法来达到。

海尔集团为了降低成本、打开产品的销路、提高产品的市场竞争力，提出要严把质量关，通过全面质量管理，每个工序都严格管理，使产品质量不断提高。海尔产品成为了优质产品的代名词，从而使产品的退货率、报废率不断降低，相应地降低了产品的成本。

学习了上述降低产品成本的主要途径，在实践中，由于不同企业的生产特点、技术装备水平以及生产组织等不同，降低成本的途径和侧重点也是不同的。即使同一企业，在不同时期，影响降低成本的主要因素也会发生变化。因此，每个企业都必须根据生产特点和具体条件，结合各个时期的实际情况，采取适当的降低成本的措施，才能取得良好的效果。

为了加强成本管理，保证降低成本耗费的各项措施的实现，各班组必须在企业领导的安排下，积极督导，使班组成员都能主动、积极地献计献策，从自身做起，挖掘潜力，不断降低产品成本。

**五、建立班组成本责任制**

成本责任制，是企业在国家政策、法令的指导下，以降低成本、提高经济效益为目的，实行责、权、利相结合，职工劳动所得与降低成本的效果相联系的一项综合性的企业管理制度。具体地说，也就是企业把成本控制的目标层层分解，具体落实到各部门、班组、个人，以保证顺利实现企业的成本控制目标，完成企业的经营计划。每个职工必须根据自己对企业承担的成本责任，努力完成降低成本的任务，做到质量好、消耗低，并相应地从成本降低的收益中获得自己的经济利益。

班组成本责任制，就是将企业成本控制的目标层层分解到班组，班组由此确定本班组的成本控制目标，经班组长会同班组其他成员商议，将班组的成本控制目标再分解到班组的每个人，同时确定对没有完成成本控制任务的个人扣多少奖金，或给予什么经济处罚；对于超标准完成成本控制任务的个人，给予什么经济奖励。

1. 班组成本责任制的作用

班组成本责任制已经实行了多年。实践表明，实行成本责任制，促进了企业各方面的改革，对于企业降低成本、提高经济效益、充分调动职工群众的积极性，有着重要的意义。班组成本责任制的作用可以概括为以下几个方面：

（1）有利于调动职工的积极性　长期以来，有些国有企业平均主义现象严重，严重影响了职工的工作积极性，使职工缺乏搞好本企业和本职工作的动力，缺乏主人翁责任感。自从实行了成本责任制以后，各班组将个人成本控制责任大小、成本控制效果与职工个人物质利益挂钩，从而有利于调动职工的积极性、主动性和创造性。

（2）有利于提高企业的经济效益　班组实行成本责任制，使班组明确了自己的成本控制责任，同时也使完成成本控制任务较好的班组获得了一定程度的经济利益，使完不成成本控制任务的班组受到一定的惩罚。这样一来，班组的责任和利益就有效地结合起来。班组成本责任制使班组有了压力，而经济利益又给班组增加了动力，两者促使班组把各项工作的中心转移到降低成本的轨道上来，使整个企业的经济效益明显提高。

（3）有利于加强企业的基础管理工作　实行班组成本责任制，使企业各班组之间的成本责任清楚，从而有利于发挥班组长的作用，有利于促进企业基础管理工作。因为实行班组成本责任制，需要以有关的基础工作作为前提，如建立平均先进的费用定额、材料消耗定额；建立各项标准化工作和计量工作、信息工作；建立以成本责任制为核心的各项规章制度，使每个班组、每个职工的行为规范化，促进各项经济活动的正常进行。

2. 班组成本责任制的原则

班组成本责任制在实施过程中，必须遵循以下各项原则：

1）必须全面完成企业、车间下达的各项成本目标，不能根据成本完成的难易程度确定工作的先后顺序，容易干的先干，不容易干的后干，以至于影响企业、车间成本计划的完成。

2）必须在保证产品质量的前提下降低成本消耗，不能粗制滥造，以牺牲产品质量换取产品成本的降低。

3）必须保证设备的维修保养质量，以免造成失修和缩短使用周期，甚至影响人身和生产安全。

4）必须遵循各尽所能、按劳分配和奖罚分明的原则。

5）必须加强个人原始记录，工作成果的考核等各项基础管理工作。

3. 班组成本责任制的具体内容

班组成本责任制的内容，一般应突出三定：

（1）定成本控制任务的包干和考核指标　包括班组在规定时期内的费用消耗、材料消耗等各项成本指标和管理指标。

（2）定考核标准　对班组所承担的成本考核指标定出所要达到或不能超过的数量界限，一般用实物量、金额以及百分率等表示，不能用数据考核的，可用适当的文字加以概括，但应尽量做到数据化。只有坚持用数据讲话，不强调客观原因，才能在考核标准面前人人平等、奖罚分明，以鼓励先进、鞭策后进，推动人人上进。

（3）制订考核奖惩办法 一般的做法是，先对各项指标定出基分（总分为100分），按百分比法考核奖惩的，还要对各项指标的完成的好坏定出加分或扣分的比例；然后将个人的指标完成情况与基分进行对比，完成的情况好于基分的，给予加分，完成的情况差于基分的，给予减分；最后计算班组和个人应得奖金额，实行奖罚兑现。

4. 班组成本责任制的格式

班组成本责任制的格式，一般包括文字条件和有关表格。一般来讲，对考核项目、考核标准、考核奖惩办法等，可以用表格的形式在一张表格上列出；对实行成本责任制的原则规定，成本责任制有关的具体要求，以及各项指标的计算方法等，可以用文字加以说明。

5. 班组成本责任制的制订

制订好班组成本责任制是实行班组成本责任制的首要环节。班组成本责任制的制订，总的要求是目标明确、内容全面、指标先进、要求具体和重点突出。主要应做到以下几点：

1）要把班组对企业、车间承担的成本控制责任，即对班组成本任务的要求逐项分解落实到每个岗位、每个人，使每个人的成本责任都非常明确，真正起到以小指标保大指标，以个人保班组的保证作用，并尽可能做到用数字说话，以便于检查、比较和考核。

2）要把班组的各项成本管理工作，全面地纳入个人的成本责任制之内，不要只注重某一项指标而忽视其他的成本指标，对各项指标都要提出要求和进行考核，与奖罚挂起钩来。

6. 班组成本责任制的检查考核

制定出成本责任制和考核办法后，要严格地进行检查和考核，这就要求做到以下两点：

1）建立健全成本责任制考核组织，严格检查考核制度。班组成本责任制的检查与考核，一般由班组长负责组织，由班组兼职核算员负责具体业务工作，汇总、填写考核台账和计算发放奖金等。

2）建立健全成本责任制检查考核原始记录，考核报表和台账资料，及时汇总考核结果，并公布于众，作为合理奖惩的依据。考核要实事求是，项目、内容、时间、地点和指标要清楚，要用数字说话，以理服人，还要将原始记录和每次的考核奖惩材料加以整理填入考核台账，作为一项历史性资料进行保存，以备参考。班组成本责任制的考核表与考核台账必须与班组成本责任制的项目、内容相对应，以便做到奖惩兑现。其具体格式，可根据各个班组的具体情况，灵活设置。

7. 班组及个人奖金的分配办法

班组及个人奖金的计算分配办法多种多样，最基本的方法有主要指标计奖法和百分制综合计奖法两种：

（1）主要指标计奖法 这种计奖方法是以完成成本控制任务为主要计奖依据，规定完成成本控制任务得基本奖，低于成本控制目标加奖，超过成本成本控制目标要求扣奖。

（2）百分制综合计奖法 这种计奖方法，适用于按百分制综合评价班组成本责任制执行情况的班组。它要首先计算出班组的标准分值，再将其乘以各工人的成本责任制考核得分，即可得出该工人当月应得的奖金额。

## 能力训练

一、填空题

1. 产品成本的高低，关系到企业能否为社会提供更多________的产品，能否提高产品的________能力，以及能否取得更大的________的问题。

2. 企业成本管理是指企业为不断________，从产品研制开发到生产销售的全过程，对所有费用的发生和成本的形成进行的________、________、________和________等管理活动。

3. 成本核算是企业________和________的一项基本原则，也是企业实行________和________的一个有效方法，是全面降低企业成本的________。

4. 班组成本分析的目的是为企业从基层起就________，________，________的途径，求得最佳的________。

5. 班组能耗计划是班组________的组成部分，也是落实班组________的重要保证。

6. 班组所承担的成本考核指标定出所要________或________的数量界限，一般用________、________以及________等表示。

二、判断题

1. 班组成本管理是企业成本管理的一个有机组成部分。（　）

2. 开展班组成本核算，能够增加企业的成本消耗。（　）

3. 班组的成本核算，对于指导车间和企业的经济活动都有着不可忽视的作用。（　）

4. 班组无需制订各项成本控制标准。（　）

三、简答题

1. 班组成本管理的具体要求有哪些？

2. 班组成本核算的意义和作用体现在哪几个方面？

3. 班组成本核算的基本条件主要有哪几个方面？

4. 班组成本核算要进行成本考核的实施步骤有哪些？

5. 节约和合理利用原材料主要有哪些基本途径？

# 第八章　班组设备与工具管理

## 学习目标

1. 掌握班组设备使用和维修制度。
2. 掌握设备的保养与检查和如何进行分类管理。

班组设备与工具是工业企业生产经营活动的物质基础，加强企业设备和工具管理，正确使用设备，精心维护保养，使设备在生产中始终保持完好状态，合理使用工具，对于保证企业生产活动的正常进行和提高经济效益有着重要的意义。

设备通常包括机器、仪器装置、炉窑、车辆、船只与飞机等。其中，机器是最具代表性的，典型的机器一般可分为发动机、传动装置和工作机三个不同的部分。由于电子技术的发展，又出现了电子控制装置。同时，机器也逐步由单台设备发展成为成套设备，例如化工冶炼成套设备、火力发电成套设备等。

## 第一节　班组设备管理概述

班组设备管理就是生产现场的设备管理。这一属于作业层次的设备管理，其主要任务是针对生产现场的运行特点，有效地加强设备管理，保持设备良好的技术状态，保证生产的正常秩序，促进生产优质、低耗、高效、安全地进行。

不同企业的生产现场拥有不同的设备，如钢铁企业有高炉、电炉、转炉、轧钢机；机器制造企业有铸造、锻压设备和各种金属切削机床；纺织企业有梳棉机、粗纱机、精纺机、织布机等。不论什么类型的设备，它们都是重要的生产手段，是现代化生产的物质技术基础。现代化企业是运用机器和机器体系进行生产的。设备的状况如何，直接关系到生产能否正常进行。

在生产现场中加强设备管理，提高设备管理水平，有利于建立正常的生产秩序，实现均衡生产。现代工业生产过程中各个环节之间的协调配合，要依靠设备的正常运行来保证。只有正确地操作使用设备，精心地维护保养，严格地监测设备运行状态，按计划进行设备检修，使设备经常处于良好的技术状态，才能保证生产过程的连续性，保证生产的正常秩序。

加强现场设备管理，有利于取得良好的经济效益。在现代化生产中，产品的数量和质量、生产所消耗的能源和资源、产品成本在很大程度上受设备技术状况的影响。尤其是随着设备日益向大型化、精密化、机电一体化、自动化方向发展，设备投资越来越昂贵，与设备有关的费用，如能源费、维修费等在产品成本中的比重也不断提高。由于设备故障与事故给企业生产经营带来的损失也越来越严重。因此，加强现场设备管理，是取得良好经济效益的重要保证。

## 第二节 设备的使用与维修

正确使用设备，可以在节省费用的条件下，保持设备处于良好的技术状态，充分发挥设备的效益，延长设备的使用寿命。所以，设备管理的首要任务就是保证设备的正确使用。设备使用的管理包括以下内容。

### 一、设备的合理使用

设备的合理使用，包括两个方面的含义：一是应坚决防止对设备的蛮干、滥用；二是要防止设备舍不得用或闲置不用。只有充分提高设备的利用率，用好用足，才能为提高企业经济效益作出贡献。

合理利用设备的措施有以下四个方面：

（1）设备要配套使用，任务要合理安排　在配备设备时，应根据生产特点、工艺过程、技术要求等，经济合理地配备各种设备，做到设备间比例协调，适应生产需要。同时，又必须根据设备的性能、结构和技术经济特点，恰当地安排任务，做到任务与设备性能相适应，工作负荷与设备能力、技术条件相适应。

（2）合理地配备操作工人　操作工人应熟悉自己所使用设备的性能、结构和技术要求；新工人应经过培训并考试合格，才能允许单独上机操作。对于大型、精密、稀有与关键设备，应指定专人操作，实行定机定人，并严格执行凭证操作。

（3）建立健全设备使用责任制　企业内，从企业领导、设备和生产管理部门到操作工人，都要对设备的合理使用负有相应的责任。使用设备应有严格的操作规程和维护保养制度，保证设备的合理使用。

（4）创造良好的工作环境和条件　这是保证设备正常运转，延长设备使用寿命，确保安全生产的重要条件。主要应注意以下几个方面：

1）保持设备有一个整洁、宽敞、明亮的工作环境和适宜的工作场地。

2）安装必要的防护、安全、防潮和防腐装置，有些设备还要配备降温、保暖和通风等设施。

3）配置必要的测量、控制和保险用的仪器仪表装置。

4）对高、精、尖设备，需配备特殊工作场地，保持一定的温度、湿度，做好防尘、防潮和防震等工作。

5）开展设备竞赛活动。将设备分成四类：五好设备、完好设备、带病运转设备和停机维修设备。对于带病运转设备，应查明原因，提出改进措施，提高设备完好程度。

### 二、设备的磨损

设备的磨损有两种：有形磨损和无形磨损。

1. 有形磨损

有形磨损又称物质磨损，其中主要是使用磨损和自然磨损。

1）使用磨损是指设备运转使用中的磨损。设备在使用过程中，其零件磨损大致分三个阶段，如图 8-1 所示。

Ⅰ——初期磨损阶段：零件的表面形状和粗糙度都要发生明显变化，磨损较快。

Ⅱ——正常磨损阶段：零件的磨损基本上随时间均匀增加，磨损非常缓慢。

Ⅲ——剧烈磨损阶段：零件已磨损到一定程度，设备的精度、性能和效率都已降低。

为了使设备经常处于良好状态，必须对设备合理使用，进行维护保养与检查修理。

2）自然磨损是指闲置不用、保管不善或受到自然力腐蚀而引起的磨损。

2. *无形磨损*

无形磨损又称精神磨损，它表现为以下两种情况：

1）机器设备的技术结构、性能没有变化，由于设备制造厂劳动生产率提高，因而使新设备的再生产费用下降了，随着新设备的推广使用，使原有同种设备发生了贬值。

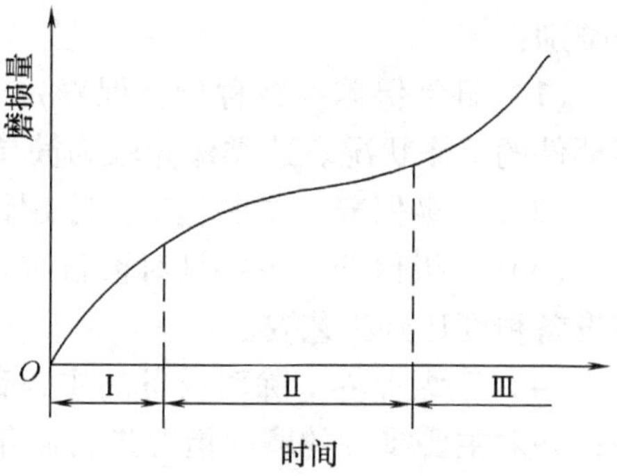

图 8-1　设备磨损阶段图

2）由于具有更高生产能力和经济效益的新设备的出现和推广，使原有设备的经济效能相对降低，同样使原有设备发生贬值，形成经济劣化。

**三、设备的润滑管理**

设备润滑是设备使用维护工作中的重要组成部分。认真搞好润滑工作，是保证设备正常运转、防止事故发生、减少机件磨损、延长使用寿命、减少摩擦阻力、降低动力消耗、提高设备生产率和工作精度的有力措施。

企业在润滑管理工作方面的基本任务有以下几点：

1）建立健全润滑工作的各项制度。

2）编制各类设备的润滑、清洗、换油操作规程。

3）认真贯彻执行润滑管理“五定”，即定点、定质、定量、定期、定人，切实保证设备经常处于良好的润滑状态。

4）保证各类机械动力设备及时、合理、正确地润滑，减少机件磨损，防止事故的发生。

5）指定专人做好精、大、稀设备的润滑工作。

6）编制设备润滑、切削冷却、清洗擦拭、特种油品配制添加剂等材料申请计划及设备清洗换油和检查计划，组织切削油、切削液、乳化油和特种油品的生产配制以及废油的回收、再生和利用。

7）对设备润滑状况，润滑材料使用、消耗和清洗换油情况作好记录，经常检查、统计和分析。

8）认真搞好设备“治漏”工作。

9）学习、试验、总结、推广有关设备摩擦、磨损与润滑的新技术、新材料、新工艺，以及推广润滑管理工作先进经验。

为了完成上述任务，企业必须健全设备润滑管理工作的组织机构，配备适当的专业工作人员。

## 第三节　设备的维护保养

设备维护保养是指对设备在运行过程中由于技术状态变化而引起的大量常见问题的及时处理。设备维护保养的主要内容有清洁、润滑、紧固、调整以及防腐等。

根据机器设备维护保养工作的深度、广度及其工作量大小，维护保养工作可分为以下几个类别：

（1）日常保养（或称例行保养） 重点是擦拭、清洁、润滑设备和紧固松动部位，检查零部件的工作状况。这类保养较为简单，大部分工作在设备的表面进行。

（2）一级保养 主要包括消除螺钉松动，经常进行润滑以及部分调整等工作。

（3）二级保养 主要是对设备进行部分解体检查、清洁、修理、调整、更换少数零件，使设备精度达到工艺要求。

（4）三级保养 除对设备的主体部分进行解体检查和调整外，还要更换已经磨损的零件，并对主要零件的磨损情况进行测量、鉴定，为编制设备修理计划提供依据。

除日常保养、一级保养是由操作工人自行负责外，其他两级保养是在操作工人的参加下，一般由维修工负责进行。保养的内容应考虑设备的特点，其中包括设备的生产工艺、设备结构的复杂程度、设备工作量的大小与部门维修习惯等。

我国企业的设备保养制度在不同工业部门是不尽相同的，有的差异还比较大。例如，机械工业企业执行的是“例行保养”、“一保”、“二保”、“三保”四级保养制度；而某些纺织企业中的织机所规定的保养工作中，把部分检修、预防检修、巡回检修等都包括在内了；冶金企业的高炉、电炉以及化工生产设备的保养，则不规定保养等级。

## 第四节 设备的检查

设备的检查是对设备的运行情况、工作精度、磨损程度进行检查和校验。检查是设备维修和管理中的一个重要环节。通过检查，及时地查明和消除设备的隐患，针对发现的问题，提出改进设备维护工作的措施，有目的地做好修理前的各项准备工作，以提高修理质量，缩短修理周期。

1. 设备检查的分类

（1）按时间间隔 可以分为日常检查和定期检查。

1）日常检查是在交接班时，由操作工人结合日常保养进行检查，以便及时发现异常的技术状况，进行必要的维护和检修工作。

2）定期检查是按照计划日程表，在操作工人的参加下，由专职维修人员定期进行检查，以便全面准确地掌握设备的技术状况，零部件磨损、老化的实际情况，确定是否有进行修理的必要。

（2）按照检查的性能 可分为功能检查和精度检查

1）功能检查是对设备的各种功能进行检查与测定，以便确定设备的功能指标是否符合要求，是否需要调整。

2）精度检查是对设备的加工精度进行检查与测定，以便确定机器精度劣化情况。

（3）按照检查的方法 可分为直观检查和工具仪表检查。

1）直观检查是用人们的感觉器官进行检查。

2）工具仪表检查是利用一定的检测工具或仪器仪表进行检测。

企业可根据各类设备的特点、性能和工艺技术要求，对一些关键设备和专用设备规定具体的检查方式。

2. 设备的监测

在设备检查的基础上发展起来的设备监测技术，又称为诊断技术，是设备维修和管理得到迅速发展的新兴工程技术。它通过科学的方法进行监测，能够全面、准确地把握住设备的磨损、老化、劣化、腐蚀的部位和程度以及其他情况。在此基础上进行早期预报和追踪，可以把设备的定期维护保养变为有针对性的、比较经济的预防维修。这样，一方面可以减少由于不清楚设备磨损情况而盲目拆卸给设备带来的损伤；另一方面，也可以减少设备停产的经济损失。设备的诊断可以分为三种：

（1）单件诊断　对整个设备有重要影响的单个零件进行技术状态的监测。通过监测可以查明零件一瞬间的技术状态，弄清故障原因，估计零件的剩余寿命。这种方法主要用于设备的小修理。

（2）分部诊断　对整个设备的主要部件进行技术状态的监测。通过诊断，研究决定主要部件的主要技术状态特征。分部诊断要求较长时间的测试，主要用于设备的中修理。

（3）综合诊断　对整个设备的技术状态作全面的监测、研究，包括单件、分部诊断的内容，这种方法主要用于设备的大修理。

## 第五节　设备的维修制度

设备的维修制度是指由一定类别的保养和修理组成的设备维修制度。例如，两保两修制，包括一级保养、二级保养和中修、大修；三级保养大修制，包括日常保养、一级保养、二级保养和大修理。

目前我国多数企业实行的设备维修制度是计划预防修理制和计划保修制。

1. 计划预防修理制

计划预防修理制又简称为计划预修制，是按照预防为主的原则，为防止设备意外损坏，根据设备的磨损规律，有计划地对设备进行日常维护保养、检查、校正和修理，以保证设备经常处于良好状态的一种设备维修制度。

计划预修制的主要内容有：日常维护、定期检查、清洗加油、计划修理。其基本特点就是通过计划实现修理的预防性。它采用的基本方法有：

（1）标准修理法　这种方法是根据设备零件的使用寿命，在修理计划中明确规定修理日期、内容和工作量。经过规定的时间间隔，不管设备实际技术状况如何，进行强制修理，零件也需强制更换。修理时按事先拟订的标准工艺进行。这种方法便于在修理前做好充分准备，使组织工作简化，但事先要经常预测零件磨损情况，才能使计划比较切合实际。随着现代科学技术的发展和先进检测手段的出现，以及流水生产方式的采用，这种方法有不断扩大的趋势。

（2）定期修理法　它是根据设备实际使用情况和磨损程度的资料，大体规定出修理工作的日期、修理的内容和工作量。而具体的修理日期、内容和工作量，则在每次修理前的检查中再详细确定。这种方法有利于做好修理前的准备工作，有利于采用先进修理技术，减少设备的停机时间，提高修理质量和降低修理成本，应用比较普遍。

（3）检查后修理法　它是根据设备零部件的磨损资料，事先只规定设备检查次数和时间，而每次修理的具体期限、类别和内容均由检查后的结果来决定。这种方法虽然简单易行，但缺点是容易影响修理前的准备工作，一般在实行计划预修制初期以及对设备技术资料掌握不全的情况下采用。

2. 计划保修制

计划保修制是在总结计划预修制的基础上建立的一种设备维修制度，它由一定类别的保养和一定类别的修理组成。这种制度首先是在交通运输业的汽车运输设备中推行的，后来在内燃机型的活动设备中实行，进而扩展到金属切削机床等设备。它的特点是：打破了操作工人和维修工人之间的分工绝对化，由操作工人承担设备的保养（如金属切削机床中的一级保养），把操作工人参加设备管理具体化、制度化，同时进一步贯彻了预防为主的方针。

## 第六节 设备的分类管理法

在一定时期内，一个企业（或分厂、车间）的设备维修资源是有限的。维修资源包括用于维修的人力、物力和财力等。而企业需要维修的设备很多，有的多达成百上千台。为了使有限的维修资源集中使用在生产经营以及提高经济效益中占重要地位、并起重要作用的设备上，就要抓住主要矛盾，实行“突出重点，照顾一般”的方针，区别设备的不同重要程度，分别采用不同的管理与维修对策和措施。这种管理方法，称做设备的分类管理法。

设备分类管理法是现代管理方法——ABC 管理法在设备管理中的应用，它是按照设备在生产经营中的地位不同，把设备分为重点设备（A 类设备）与非重点设备（B 类与 C 类设备），然后加以分类管理。

### 一、重点设备与精密、关键、稀有设备

一般说来，在企业生产过程中，重点设备比较明确、固定。例如，钢铁生产企业中，炼铁生产的重点设备是高炉；炼钢生产的重点设备是转炉或电炉。在冶炼生产中，主要是原材料、辅助材料配比的变化，以及冶炼过程中各种金属元素与成分的变化，不涉及设备的变更。例如，沸腾钢、镇静钢以及合金钢的冶炼，都是在同一座炉子中进行的。因而不存在由于产品品种的变化，引起冶炼设备的变更问题。而在加工装配性质的企业中，由于生产的产品品种、型号、规格不同，使用的加工设备也不同。因此，在生产中占重要地位的重点设备，经常随着产品品种的变化而不断变化。重点设备同设备管理中的精密、关键、稀有设备相比较，主要区别在于：

第一，作用不同。精密、关键、稀有设备，是作为上级主管部门对企业的规模、生产能力进行衡量、统计考核的资料，要报上级主管部门备案的设备。而重点设备是企业为了保证生产，采用重点管理、监测、维护和修理等对策和措施的设备，重点设备不必上报主管部门。

第二，区分的标准不同。精密、关键、稀有设备是依据设备的复杂程度、加工精度、设备的几何精度、几何尺寸以及质量等作为划分标准的。它是以设备本身具有的技术特征，即单一的价值标准作为划分根据的；而重点设备，一般要求从产量、质量、成本、交货期、安全、环境保护以及维修性等（即设备综合效率：P、Q、C、D、S、M 等）多方面进行划分，即以多个价值标准作为划分依据。

第三，适用的期限不同。精密、关键、稀有设备被确定以后，是长期不变的；而重点设备确定后，不是长期不变的，它是随着产品结构、生产计划和工艺要求的改变而定期进行调整。后者是符合动态管理原则的。

## 二、不同设备的管理方法

针对不同类型的设备，应采用不同的管理方法，包括不同的完好标准要求、不同的日常管理标准、维修对策和备件管理、资料档案、设备润滑等。下面以四类设备为例进行说明。

1. 四类设备的完好标准

（1）A 类设备

1）每年进行 1 ~2 次精度调整，主要项目的精度不可超差。

2）每月抽查 5% ~10%。

3）抽查合格率达 90% 以上。

（2）B 类设备

1）按规定完好标准每月抽查 5% ~10%。

2）抽查合格率达 87% 以上。

（3）C 类设备

1）做到整齐、清洁、润滑、安全、满足生产与工艺要求。

2）每月抽查 5%。

3）抽查合格率达 87%。

（4）D 类设备

D 类与 C 类设备要求相同。

2. 四类设备的日常管理标准(表 8-1)

**表 8-1　四类设备的日常管理标准**

| 项目<br>设备类别 | 日常检点 | 定期检点 | 日常保养 | 一级保养 | 凭证操作 | 操作规程 | 故障率（%） | 故障分析 |
|---|---|---|---|---|---|---|---|---|
| A | ✓ | 按高准则 | 检查合格率 100% | 检查合格率 95% | 严格定人、定机，检查合格率 100% | 专用 | ≤1 | 分析摸索维修规律 |
| B | × | 按一般要求 | 检查合格率 95% | 检查合格率 90% | 定人、定机检查，合格率 95% | 通用 | ≤1.5 | 一般分析 |
| C | × | × | 检查合格率 90% | 检查合格率 85% | 定人、定机检查，合格率 90% | 通用 | 2.5 | × |
| D | × | × | 定人清扫保养 | 定期保养 | × | 通用 | ≤3 | × |

## 三、四类设备的维修对策（表 8-2）

**表 8-2　四类设备的维修对策**

| 项目<br>设备类别 | 方针 | 大修 | 预修 | 精度调整 | 改善性维修 | 返修率（%） | 维修记录 | 维修力量的配备 |
|---|---|---|---|---|---|---|---|---|
| A | 重点预防维修 | ✓ | ✓ | 所有精密大型设备 | 重点实施 | 2 | 100% | 1. 应投入维修力量的 40%<br>2. 技术熟练水平高的维修人员 |

（续）

| 项目<br>设备类别 | 方针 | 大修 | 预修 | 精度调整 | 改善性维修 | 返修率（%） | 维修记录 | 维修力量的配备 |
|---|---|---|---|---|---|---|---|---|
| B | 预防维修 | ✓ | ✓ | × | 实施 | 2.5 | 98% | 1. 应投入维修力量的55%<br>2. 技术熟练水平较高的维修人员 |
| C | 事后维修 | × | × | × | × | × | 填写“病历卡” | 1. 应投入维修力量的5%<br>2. 一般技术的维修人员 |
| D | 事后维修 | × | × | × | × | × | × | 同C类设备 |

### 四、四类设备的备件管理、资料档案和设备润滑要求（表8-3）。

**表8-3　四类设备的备件管理、资料档案和设配润滑要求**

| 项目<br>设备类别 | 备件管理 | | 资料档案 | | | 设备润滑 | | | | |
|---|---|---|---|---|---|---|---|---|---|---|
| | 管理要求 | 储备方式 | 说明书 | 备件图册 | 技术档案 | 润滑五定 | | 计划换油 | | 治漏率 |
| | | | | | | 图表 | 卡片 | 完成率 | 对号率 | |
| A | 1. 建卡，确定最高、最低储备量<br>2. 供应率100% | 零件部件 | 95% | 90% | 98% | 90% | 100% | 95% | 95% | 95% |
| B | 1. 同A类<br>2. 供应率90% | 零件 | 90% | 85% | 90% | 85% | 100% | 90% | 90% | 90% |
| C | 1. 建卡<br>2. 供应率50% | 零件 | 50% | 50% | 50% | 70% | 100% | 80% | 80% | 80% |
| D | 同C类 | 零件 | 50% | 50% | 50% | 70% | 100% | 80% | 80% | 80% |

## 第七节　班组工具管理的内容与要求

工具是重要的劳动手段，是企业生产过程中用来改变和测量工件几何形状的工艺装备，是构成企业生产的物质技术基础之一。强化工具管理成为企业管理中的一个重要内容。班组人员是工具的直接使用者，管好、用好各类工具，对保证生产的正常进行和产品质量有着重要的作用。

### 一、工具的特点和分类

1. 工具的特点

1）工具只用来加工和测量产品，不构成产品的实体，其性质不同于原材料。

2）工具可以多次使用，在使用过程中逐步磨损，其价值是一次或多次转移到产品中去的。大多数工具价格较低，属于低值易耗品（个别工具、模具与量具除外），而设备属于固定资产，其价值是通过折旧的方法逐渐转移到产品中去的，并从产品的销售中得到补偿。

3）工具用于改变和测量工件的几何形状尺寸，不改变、不测量工件的化学性质和物理性能。

2. 工具的分类

工具主要是按工具管理范围和技术特性进行分类的。

(1) 按工具的管理范围分类 按工具管理范围可分为外购标准工具和自制专用工具。

1) 外购标准工具是指企业工具管理部门向工具专业制造厂购买的、按国家标准制造的工具。由于这类工具是由专业厂成批生产的，故价格较低，质量比较稳定，大部分有较强的通用性。因此，应该尽可能选用外购标准工具。

2) 自制专用工具是指企业根据产品工艺的需要，自行设计和制造的专用工具。这类工具工艺专用性很强，技术要求较高，生产周期较长，成本相对较高。现在国外为了减少专用工具制造，发明了多用结构法、组合法等先进技术，使专用工具通用化、标准化，这是解决专用工具以上几个问题的有效经验。

(2) 按技术特性分类 按技术特性分类，即按工具在生产中的作用和技术特征进行的分类。一般分为刃具、量具、夹具、磨具和模具，再细分则可分为切削工具、锻造工具、钳工工具、辅助工具、冷冲模、热冲模、金属模以及塑料模等。

分类的目的是为了便于管理，工具编号就是在分类的基础上进行的。由于企业特点不同，工具编号方法很多，关键是要每一个工具给予一个固定的编号，以便管理和选用。

## 二、班组工具管理的任务及要求

班组工具管理的基本任务是：妥善保管，正确使用，精心保养，节约使用，并按规定办理工具使用、遗失、节约等原始记录手续，使工具经常保持完好的使用状态。

1. 班组、个人工具的保管及管理考核要求

由于各生产班组的特点不同，所采用的工具也不同，所以管理的情况也不同。一般应该做到：

1) 凡是规定须用工具的操作工人应该设立工具箱，工具箱内应该做到工具分类摆放，整齐清洁。

2) 使用工具时应该做到轻用、轻拿、轻放，要求对刃口和量具表面不磕不碰。

3) 量具、刀具都应该做到无锈蚀，用后应及时擦净上油，长形工具要吊挂，以防变形。

4) 工具应建立台账，做到账物相符。

5) 个人使用工具由个人负责保管，公用工具由班组长指定专人负责保管。

6) 定期做好工具的送检工作，保证精度。

工具的领用和借用以车间部门为单位，由车间工具室负责，按计划规定向工具总库领用。常用工具由操作者办理常借手续。

为了提高工具利用率，对不常用的工具由工具室统一保管，班组个人采用牌、票等方法，向工具室借用。工具室可以掌握工具周转情况、借用情况、借用期限，清点工具，控制借用；特别是一些与安全、质量有密切关系的工具，可以随时返回检查，保证安全和产品质量。

操作工人需要使用专用工具时，由操作者或班组长凭产品图样或工艺卡片填单借用。工具使用完毕归还时，要进行清洗上油，由工具室人员验收。

借还工具应遵循以下几个原则：

1) 借还工具应当面验清规格、数量和其他技术要求。

2）借用工具不准随意拆卸和改变原来的形状、尺寸，交回时应擦洗干净。

3）原则上一个人不得借用两个同样的工具，当周转借用或长借工具发生丢失和损坏时，在未处理前不得再借用。

4）特殊工具如气焊、气割刀枪等，一定要凭操作证才能领用。

在一些工具使用频繁，特别是贵重工具使用多的班组里，应挑选技术水平较高的人担任或兼任工具员，以提高班组的工具管理水平。

班组工具管理考核指标主要有：工具账物相符率、工具磕碰率、量具送检率。

$$\text{工具账物相符率}=\frac{\text{实有工具数（项）}}{\text{账面工具数（项）}}\times 100\%$$

$$\text{工具磕碰率}=\frac{\text{有磕碰工具总数（项）}}{\text{抽查工具总数（项）}}\times 100\%$$

$$\text{量具送检率}=\frac{\text{到期实送检量具数}}{\text{到期应送检量具数}}\times 100\%$$

2. 工具、量具、夹具及特种工具的合理使用及保养

正确使用工具是每一名工人的职责，也是班组工具管理的基本任务之一。所谓正确使用，就是要遵守工具使用规程，正确安装和操作，选择合理的使用参数；要严禁小具大用，精具粗用，防止工具串用、乱用及任意挪用。

（1）刀具的合理使用和保养

1）按工件材料的形态、大小和精度，合理选择切削速度，正确安装工具，使用规定的切削液，在切削过程中刀具未退出不准停机和任意变更速度。

2）合理确定刀具的寿命和每次刃磨厚度。刀具刃磨是一项技术性较强的工作，对于延长刀具的使用寿命，提高劳动生产率，保证产品质量都有很大的关系。刀具刃磨分为集中刃磨和个人刃磨两种，对生产任务饱满或是流水作业上用的刀具，可采用专业人员集中刃磨，以保证刃磨质量。但是操作者必须学会刃磨，特别是对一些工艺要求高、材质特殊的工件，则宜由经验比较丰富的操作工人个人刃磨。

（2）夹具的合理使用和保养

1）使用前，须严格检查夹紧机构的可靠性，保证加工安全。

2）选择合适的基准面安装、找正、紧固，以防止摇动。开始运转时，要保证机构的润滑。

3）使用后，要擦净夹具的基准面和夹固部位，并要加油。如有必要还需要贴防锈纸，妥善安放保管。

（3）量具的使用和保养

1）量具必须专人保管，定点使用。

2）测量工件时，须待工件完全处于静止状态，然后擦净测量面及量具后再测量。精密量具严禁测量粗加工尺寸及毛坯工件。

3）量具使用后必须擦净上油，妥善放入规定的量具盒内。量具存放应避光、防潮，精密量具必须放置在恒温处。

4）保证量具质量，严格按国家标准规定进行入库检定、巡回检定和周期返回检定。

3. 工具的维修和量具的定期送检制度

工具在使用过程中会发生损坏磨损，需及时进行修理和调整。对工具修理一般有以下几

个原则：

1）操作工人应熟悉使用工具的性能，不仅要会合理使用，还要学会修理一般的小毛病，排除一般故障。

2）要厉行节约，物尽其用。车间工具室要加强修理，做到能自己修理的尽量自己修，能自己刃磨的尽量自己磨，能改制利用的尽量改制利用。

3）可以发挥本企业相关部门的力量，对外购工具零部件进行修理或进行同类零件的复制、利用、修配，这样既可以满足需要，又可以节约开支。

4）确无条件自修的工具，由车间部门工具室集中，送工具总库委托外单位修理。

为了使量具能够准确反映工件的实际情况，对量具必须实行定期送检、周期检定、巡回返回检查的制度。

1）定期送检，就是各种量具经使用后，按规定使用时间，从借用者处收回，送计量室检定。合格者发放检定合格证才能继续使用。

2）周期检定，就是对各类专用量具和万能量具应组织专人检定，实行强行调换制度。

3）巡回返回检查，就是工具室收回量具后，必须经过计量室的返回检查，由专职巡回返回质量检查员检查。经检查合格方能继续借出，不合格不得再借出使用。

其他各类工具都应制订相应的使用规定和保养要求，并应严格遵守。

4. 工具的遗失、损坏的报销及赔偿制度

（1）工具的遗失处理　操作者因责任心不强造成工具遗失，应该按工具遗失制度办理。

1）丢失工具应由遗失者填写工具遗失单，交有关领导批准，按规定报销或赔偿。

2）对生产上和生活上均可使用的“两用”工具，要根据工具的使用年限和新旧程度赔偿。其他工具根据具体情况，由工具室负责人与车间、工厂领导或班组长商定赔偿金额。

3）丢失大型、精密、稀有贵重工具者，应由责任者写出书面检查，车间提出处理意见，报工具部门审批，特别重大的需经总工程师审批。

（2）工具损坏的报销处理　工具损坏分正常损坏和非正常损坏。

工具由于正常使用而磨损、失去精度或效能而不能修复时，工具室可按工具报废标准或有关技术文件提出报废意见，经有关部门检验、鉴定，准予报废。

工具在使用中因材质、设计、工艺、操作等造成非正常损坏，经鉴定认可，按正常报废办理。

如操作者违反工艺规程，违反工具使用规程或责任心不强而造成非正常损坏，班组长应会同有关技术人员分析原因，分清责任并制订改进措施，按工具损坏的有关规定处理。贵重、精密工具的损坏，视情节轻重，予以处理。

在班组工具管理中，加强对操作工人经常性的工具管理教育培训是正确、合理使用工具的关键环节。为了进一步推进班组工具管理工作，要积极推进岗位专业培训，推行班组工具管理责任制，把工具管理工作搞好。

## 能力训练

一、填空题

1. 班组______与______是工业企业生产经营活动的物质基础。

2. 在生产现场加强设备管理，提高设备______，有利于建立正常的______，实现均衡生产。

3. 正确使用设备，可以在节省费用的条件下，保持设备处于良好的______，充分发挥设备的______，延长设备的______。

4. 设备的磨损有两种：______和______。

5. 设备维护保养是指对设备在运行过程中由于______变化而引起的大量______的及时处理。

6. 在设备检查的基础上发展起来的______，又称为______，是______和______得到迅速发展的新兴工程技术。

7. 设备的维修制度是指由一定类别的______和______组成的设备维修制度。

8. 设备分类管理法把设备分为______与______，然后加以分类管理。

二、判断题

1. 只有充分提高设备的利用率，用好用足，才能为提高企业经济效益作出贡献。 （ ）

2. 产品成本高低基本不受设备技术状况的影响。 （ ）

3. 高、精、尖设备，需配备特殊工作场地，保持一定的温度、湿度，做好防尘、防潮、防震等工作。 （ ）

4. 设备润滑是设备使用维护工作中的重要组成部分。 （ ）

5. 二级保养，主要包括消除螺钉松动，经常进行润滑以及部分调整等工作。 （ ）

6. 按照设备的完好标准 A 类设备抽查合格率达 87% 以上。 （ ）

7. 按照设备的完好标准 C 类设备每月抽查 5% ~10%。 （ ）

三、简答题

1. 合理利用设备的措施有哪些？

2. 企业在润滑管理工作方面的基本任务有哪几点？

3. 对设备的诊断可以分为哪三种？

4. 计划预修制采用的基本方法有哪些？

5. 班组、个人工具的保管及管理考核要求一般有哪些？

# 第九章　班组文明生产管理

**学习目标**

1. 了解什么是6$\sigma$管理。

2. 掌握"5S"生产现场管理。

## 第一节　文明生产概述

### 一、文明生产的基本内涵

文明生产有广义和狭义两种内涵。广义的文明生产，就是指生产文明化，一般来说文明的就是科学的、进步的，所以又可称生产科学化。生产科学化是指企业根据现代化大生产的客观规律来组织生产。狭义的文明生产是指生产现场管理中，要按照现代化工业生产的客观要求，为生产现场保持良好的生产环境和生产秩序。

### 二、班组文明生产管理的具体内容

班组文明生产管理的具体内容涉及很多方面，是一个全方位的文明生产管理过程，也可以称班组生产管理的文明化。

1. 班组文明生产作业的现场管理

班组生产作业现场是企业的一线，是直接生产加工产品的场所，用科学的管理方法和先进的管理手段实施班组生产作业现场管理，是班组文明生产管理的基础。比如，标准化作业、"5S"现场管理法、定置管理法和目视管理法等，都是已被现代企业广泛采用的科学的管理方法。

2. 班组生产作业环境的洁净化

班组生产作业环境的管理，是班组文明生产管理的重要内容。通常来讲，企业的生产现场放着多台生产设备，摆放着生产加工过程中所需的原材料、加工工具、加工中的半成品和加工后的成品等。生产现场是企业中环境最差的地方，很多企业生产作业现场"脏、乱、差"；有的管道"泡、冒、滴、漏"现象严重；有的作业现场通风条件差，"粉尘大、异味浓"等。上述现象都是班组文明生产管理的重点和难点。

3. 班组生产作业用语的文明化

班组的生产作业过程是班组成员互相配合、协调一致、共同努力的过程，班组长与班组成员间，班组成员与成员间的语言交流是必不可少的。在相互的语言交流中要文明用语，防止用粗语、讲脏话，遇到工作矛盾时，有意见分歧时更不应该吵架和骂人。

4. 班组成员自身环境的规范化

班组成员是班组文明生产管理的核心，班组的文明生产管理是通过班组成员来实现的。班组成员自身环境的规范化主要是指要严格遵守安全生产和操作规范，穿工作服，配戴所要求的劳动保护用具，个人的头发、指甲等要符合规范要求。

### 三、班组文明生产管理的重要意义

1. 班组文明生产管理利于提高生产率

班组文明生产管理为生产作业现场创造了洁净的生产作业环境，生产设备完好干净，各种物品摆放有序，班组成员间交流融洽，这都利于班组成员具有良好的工作状态，提高工作积极性，提高工作时效，保证生产率。

2. 班组文明生产管理利于保证产品质量

班组文明生产管理为生产加工者——班组成员从主观上创造了良好的工作情绪，使其能集中精力从事生产加工，认真地进行加工质量自检和控制，保持生产加工的平稳进行。从班组生产现场管理者——班组长角度讲，良好的生产加工环境，便于班组长的协调和沟通，保持生产秩序的正常进行。从班组生产作业现场客观环境讲，整洁的生产作业环境，有序的物品摆放，也利于减少和杜绝产品在非生产加工中的污染、碰伤损坏等现象，提高产品的合格率。

3. 班组文明生产管理利于保证企业经济效益

班组文明生产管理是企业文明生产管理的一项基础性工作，班组文明生产管理利于提高生产率，提高产品质量，从而在根本上保证了企业的经济效益。

## 第二节　标准化管理

### 一、标准化概念

所谓标准化，就是将企业里的各种各样的规范，如规程、规定、规则、标准和要领等，形成文字化的东西统称为标准（或标准书）。制订标准，而后依标准付诸行动则称为标准化。

### 二、标准化的目的

在工厂里，所谓“制造”就是以规定的成本、规定的工时，生产出品质稳定，符合规格的产品。要达到上述目的，如果制造现场作业如工序的前后次序随意变更，或作业方法、作业条件随人而异有所改变，一定无法生产出符合上述目的的产品。

标准化的目的就是：技术储备、提高效率、防止再发、教育训练。

标准化的作用主要是把企业内的成员所积累的技术、经验，通过文件的方式加以保存，而不会因为人员的流动，导致整个技术、经验跟着流失。也就是将个人的经验转化为企业的财富。

### 三、良好标准的制订要求

一个好的标准的制订，要满足以下六点：

（1）目标指向　标准必须是面对目标的，即遵循标准总是能保持生产出相同品质的产品。与目标无关的词语、内容不要出现。

（2）显示原因和结果

（3）准确　要避免抽象。

（4）数量—具体化　每个读标准的人必须能以相同的方式解释标准。为了达到这一点，标准中应该多使用图表和数字。

（5）现实可行　标准必须是现实的，即可操作的。

（6）修订完善　在优秀的企业，工作是按标准进行的，因此标准必须是最新的，是当时正确的操作情况的反映。永远不会有十全十美的标准。

## 第三节 6σ管理

**一、6σ（Sigma，西格玛）管理的起源**

σ在统计学上是指“标准差”，6σ即意为“6倍标准差”，在质量上表示每百万个产品的不良品率（PPM）少于3.4。但6σ管理不仅仅是指产品质量，而是一整套系统的企业管理理论和实践方法。在整个企业流程中，6σ是指每百万个机会当中有多少缺陷或失误，这些缺陷或失误包括产品本身以及产品生产流程、包装、运输、交货期、系统故障、不可抗力等。6σ管理即要求企业在整个流程中每百万个机会中的缺陷率少于3.4，这对企业来说是一个很高的目标。

6σ管理的核心理念实际上不仅是一个质量上的标准，它更代表着一种全新的管理理念。

**二、6σ管理的实施方法**

6σ管理其实是一项以顾客为中心、以数据为基础、以追求几乎完美为目标的管理理念。其核心是通过一套以统计科学为依据的数据分析、测量问题、分析原因、改进优化和控制效果，使企业在运作能力方面达到最佳水准。目前6σ管理的实施方法还没有形成一个统一的标准步骤，由于各企业的生产特点不同在具体的实施步骤上会有所不同，总体可按如下七个步骤实施：

（1）找问题
（2）研究现时生产方法
（3）找出各种原因
（4）计划及制订解决方法
（5）检查效果
（6）把有效方法制度化
（7）检讨成效并发展新目标

**三、6σ管理的基本原则——质量经济性原理**

提高企业经济效益有两个方面：一是增加收入（销售额）、利润和市场份额，即通过诸如加强领导、提高效率、改进员工工作以及提高员工和顾客的满意度来实现；二是降低经营所需资源的成本。

**四、6σ管理的三个环节**

1. 6σ计划

6σ成功的关键是要求找出核实的（突破性）项目，也即应做项目界定。界定即识别、评估和选择正确的项目。

2. 6σ管理

6σ管理的一大特点是要创建一流的基础设施，确保企业提高绩效活动具备必要的资源。当然，最必不可少的是要有必需的人力资源。

3. 6σ过程

6σ过程可描述为以下四个阶段（见表9-1）。

表 9-1 $6\sigma$ 过程的四个阶段

| 过程 | 阶段要求 | 项目工具 |
|---|---|---|
| M（控制） | 识别关键产品特性和过程参数，了解过程并测量性能 | 过程流程图，因果图，控制图，排列图，散布图，测量系统分析，实效模式分析，过程能力指数，顾客满意指数 |
| A（分析） | 确定关键的过程业绩和决定因素 | 头脑风暴法，多变量图，确定关键质量的置信区间，假设检验，箱线图，直方图，排列图，多变量相关分析，回归分析，方差分析 |
| I（改进） | 策划设计优化过程业绩 | 质量功能展示，试验设计，相应曲面方法，展开操作 |
| C（控制） | 实施和监控以保持成果 | 控制图，统计过程控制，防故障程序，过程能力指数，标准操作程序，过程文件（程序）控制 |

$6\sigma$ 的过程中所使用的统计方法不是新的，但上述四阶段的过程模式统计方法是一个协调系统，准确选择和合理使用可使 $6\sigma$ 的过程计划得以实现。

## 第四节　标准化作业

标准化作业管理是班组长的重要工作，与设备管理、工艺改进以及人员管理更是密不可分，涉及产品技术、工艺技术和管理技术等。因此，完善标准化作业管理体系，提升班组长的标准化作业管理能力，可以直接提升企业的基础竞争力。

### 一、标准化作业的基本概念

标准化作业是标准化管理在生产一线，即产品制造现场的具体化。

制造就是在规定的成本、规定的时间内，生产出品质稳定，符合要求的产品。如果在现场作业中随意变更工序，或改变作业方法，一定无法生产出符合上述要求的产品。因此，必须对作业流程、作业方法和作业条件加以规定并贯彻执行，使之标准化。

所谓标准化，就是把相关的技术、经验进行整理、分类，然后科学归纳，并通过文件的方式——《操作标准手册》或《生产作业指导书》来加以保存，成为生产中所有人必须统一使用的操作依据。

如果没有标准化，所有曾经发生过问题的应对方法、作业技巧等宝贵经验就不能成为解决同样问题的依据；没有标准化，不同的人就有可能对言传身教的经验和要求理解不同，其工作结果的一致性也就不能保证。

### 二、《操作标准手册》的制订

《操作标准手册》就是生产现场的作业标准。《操作标准手册》须满足如下几点要求：

1. 指向目标

标准必须是面对目标的，必须保证遵循此标准能产生出相同品质的产品或达到相同的结果。

2. 显示过程和结果

比如："焊接厚度应是 3μm。" 这只是一个结果，没有明确过程。应更清楚地描述为："焊接时，应施加 3.0A 电流 20min 来获得 3.0μm 的厚度。"

3. 准确、具体，避免抽象

就是要保证每个人都能准确理解，并且每个人的理解必须完全相同。如：看到桌子脏时要擦拭（错），每天8：00、16：00用抹布擦拭桌子一次（对）；开车不可太快（错），车速应控制在50～80km/h之间（对）；烘箱温度不可太高（错），烘箱温度应控制在（100±2)℃（对）。

4. 可操作性

标准的可操作性非常重要，否则就意味着该标准不具有指导意义。

5. 手册修订

工作是按照标准进行的，因此标准必须是最新的。下列情况发生时，应及时修订标准或更新手册：

1）所用标准已难以执行定义的任务。

2）产品的质量水平已经改变。

3）发现问题并改变作业步骤。

4）产品或原材料已经改变。

5）设备、工具或监视测量装置已经改变。

6）工作程序已经改变。

7）外部标准或法律、法规已经改变。

**三、标准化作业的保持**

1. 领导重视

标准化作业的意义在于简化管理，提高效率，减少差错，降低成本。它可能涉及人、机、料、法、环、资、能、信等相关因素，而这些工作是一个班组长的权力所不能覆盖的。因此，各级领导应当营造并保持使员工充分参与实现目标的良好内部环境，为标准化作业提供企业文化氛围的支持，让效率、品质和顾客满意的观念深入人心。

2. 标准化作业培训

培训是大家熟悉、理解并适应新的工作标准的有效方式。

3. 检查

检查是对执行及培训效果的验证。适当的检查可获得诸如标准的可操作性、与生产的适应程度、执行情况以及员工的理解（培训效果）等多方面的信息，一旦发现标准执行不力或培训不到位，可以及时调整方法或采取其他相应措施。因此，检查对保证标准的良好执行具有非常重要的作用。

检查一定要有策划，对检查的内容、目的、方法、时间、周期与依据一定要有明确规定。这样，获得的信息才准确、真实。

4. 处置

检查的结果一定要进行合理处置。对于未能执行标准的，要对其不符合项进行追踪，责令当事人写出书面原因分析及整改措施，并对其整改情况进行二次验证。

## 第五节　“5 S”生产现场管理

由于“5 S”生产现场管理的方法对降低生产成本，提高生产率，保证安全生产，执行标准化作业，创造良好的生产作业环境，树立企业形象等多方面都具有重大作用，现已被越来越多的企业推广。

## 一、"5 S" 的主要内容

"5 S" 就是指生产作业现场要坚持整理、整顿、清扫、清洁和素养五个方面的工作。

1. 整理

所谓整理，就是将必需品与非必需品区分开。

在生产岗位上，必需品应摆放在挂牌明示的指定位置上，不要的东西则坚决处理掉。这样做的目的是：腾出宝贵空间，摆放好必需的东西，防止物品误用、误送，创造清爽、舒适、有效率的工作场所。这些被处理掉的东西可能是原辅材料、半成品和成品、设备仪器、管理文件等。

整理时有以下几个要点需要注意：

1）整理后保留下的每件物品都是必需的，但是将必需品的数量要降低到最低程度。

2）要区分对待马上要用的、暂时不用的、长期不用的物品，将长期不用的物品存放入库。

3）当场地不够时，不要先考虑增加场所，要整理现有的场地，之后会发现仍绰绰有余。

2. 整顿

整顿是把必需的人、事、物加以定量和定位，对生产现场需要留下的物品进行科学合理地布置和摆放，以便在最快速的情况下取得所要之物。简言之，整顿就是人和物放置方法的标准化。这样会达到以下目的：

1）将寻找物品的时间减少为零。

2）有异常（如丢失、损坏）能及时发现。

3）不同的人去做，结果是一样的（已经标准化）。

3. 清扫

清扫就是将工作场所、环境、仪器设备、材料与工具等上的灰尘、污垢、碎屑和泥沙等脏东西清扫擦拭干净，创造一个一尘不染的环境。公司所有人员都应一起来执行。

1）分配每个人应负责清洁的区域。分配区域时必须绝对清楚地划清界限，不能留下没有人负责的区域。

2）在整洁明亮的环境里，任何异常，包括一颗螺钉掉在地上都可马上发现。

3）设备异常在保养中就能发现和得到解决。

4. 清洁

清洁就是在整理、整顿、清扫之后，认真维护成果，保持最佳状态，形成制度和习惯。在产品的生产过程中，永远会伴随着没用的物品的产生，这就需要随时将其清除，这就是清洁的目的。

5. 素养

素养就是培养全体员工良好的工作习惯、组织纪律和敬业精神。每一位员工都应该自觉养成遵守规章制度、工作纪律的习惯，努力创造一个具有良好氛围的工作场所，这是"5 S"的核心。

## 二、"5 S" 生产现场管理的实施

1. 整理是区分必需品和非必需品

整理并不是简单地把物品排好或放好，而是把"要"与"不要"的东西分清楚然后把

无用的东西拿到指定地点。

1）制订“要”和“不要”的判别基准，这个基准就是物品的“现使用价值”，而不是“原购买价值”。

2）按基准清除“不要”的物品。

3）制订废弃物处理方法。

4）自查工作场所，特别是看不见的地方；并每天坚持。

2. 整顿是把需要的东西放在方便拿的地方

仅仅自己知道是不够的，还要让大家“一目了然”。

1）落实“整理”的工作。整顿就是将所有留下的物品的位置固定，明确放置方法及予以标志，以便在需要的时候能够立即找到。

2）明确“三要素”，即场所、方法和标志。明确场所——根据实际工作场地和空间规划使用区域；明确方法——根据物品的用途、功能、形态、形状、重量和使用频度等因素决定放置的方法；明确标志——根据实际情况采用统一规定的颜色清楚地标志区域、分类、名称、数量、用途、负责以及去向等相关信息。关键让每个人能在需要时及时知道要用的东西在哪里。

3）明确“三定”原则，即定点、定容和定量。在不影响生产的情况下，尽量减少物品摆放的数量，要明确在每一处有多少数量是合适的。这可以从短时间内可实施的场所下手，先易后难，使物品的摆放、使用方便、高效，要顾全多数人的便利。

3. 清扫最重要的是认真、彻底、细心、重视并持之以恒

1）建立责任区，明确到人。

2）建立清扫基准和作业规范。

3）建立规章制度，坚持清扫工作日常化、制度化和标准化。

4）寻找污染源，实施改善。

4. 清洁就是保持整洁的现场

1）对每个岗位制订“5 S”实施确认表，明确应负责的范围、对象、方法、时间、要求、检查、实施和记录等，使工作制度化。

2）所有区域、设备和物品等都应明确到具体的责任人。

3）制订评比办法，奖惩制度，定期检查评比，加强执行。

4）制订“5 S”活动竞赛方法，导入竞争制度。

5）领导认真对待，带头实施，带动全员重视。

5. 素养就是通过教育使大家养成遵守规定的习惯

1）“5 S”活动不是员工自发性的活动，只有坚持不懈地教育、强化和督促，才能养成良好的习惯。

2）从上到下，认真扎实，按计划循序渐进地推进、落实。

3）制订加强各种必要的规则、标准、厂风、厂纪、班风和班纪等。

4）进行各种推动精神文明提升的活动。

## 第六节 生产现场定置管理

定置管理是在“5 S”管理的基础上发展起来的一种科学的生产现场管理方法，这一管

理方法在很多企业的管理实践中收到了明显的成效。

## 一、定置管理的基本概念

定置管理是对生产现场中的人、物及场所三者之间的关系进行科学地分析研究，使之达到最佳结合状态的一种科学管理方法。它以物在场所的科学定置为前提，以完整的信息系统为媒介，以实现人和物的有效结合为目的，通过对生产现场的整理、整顿，把生产中不需要的物品清除掉，把需要的物品放在规定位置上，使其随手可得，从而促进生产现场管理文明化、科学化，达到高效生产、优质生产和安全生产的目的。

### 1. 生产现场定置内容

在考虑生产现场的内容时，应考虑：对物品临时的停滞或定置，对工段、班组及工序、工位、机台的定置，对工具箱的定置，设备的定置，检查现场的定置等内容。分析并确定管理内容时可参考下列因素：

（1）现场诊断　对现场状况进行分析，找出存在问题及原因，设计方案，使其达到预定管理目标。

（2）作业因素　分析操作者与机器的位置，需定置什么工具、物品；分析操作者动作；分析作业者和班组作业、人和机械的配置、作业人员的工作效率，去掉作业中不合理状态，清除人和物结合得不紧密状态，消除生产、工作现场无序状态。

（3）工艺因素　分析工艺特征，按物品的加工处理过程，确定合理的工艺路线、运输路线，使生产现场实现人、物、场所一体化。

（4）动作因素　分析作业人员的动作，发现合理的人、物结合状态，使作业标准化，使物品定置规范化，使人、物和场所结合高效化。

（5）环境因素　凡环境因素有不符合国家环境标准要求的情况必须改善，使之达到国家标准。

### 2. 定置管理图

对现场进行诊断、分析和研究后，绘制新的人与物、人与场所、物与场所的相互关系的定置管理平面图。包括以下几方面：

（1）区域定置图　车间的某一工段、班组或工序的定置图，定置蓝图可张贴在班组园地中。

（2）库房定置图　做成定置图示板悬挂在库房醒目处。

（3）工具箱定置图　绘成定置蓝图，贴在工具箱门内。

（4）文件资料柜定置图　统一绘制蓝图，贴于资料柜内。

### 3. 物品信息管理

为了便于查找物品，需要设置必要的记录物品存放信息的媒介物。它可以是分级的：

（1）位置台账　它表明“该物在何处”。通过查看位置台账，可以了解所需物品的存放场所。

（2）平面布置图　它表明“该处在哪里”。在平面布置图上可以看到物品存放场所的具体位置。

（3）场所标志　它表明“这就是该处”。它是指物品存放场所的标志，通常用名称、图示、编号等标示。

（4）现货标志　它表明“此物即该物”。它是物品的自我标志，一般用各种标牌标志，标牌上有货物本身的名称及有关事项。

建立人与物之间的连接信息是定置管理这一管理技术的特色，是否能按照定置管理的要求，认真地建立、健全连接信息，是推行定置管理成败的关键。

**二、定置管理设计**

定置管理设计就是对各种场所（车间、仓库）及物品（机台、货架、箱柜和工位器具等）科学、合理定置的统筹安排。定置管理设计主要包括定置管理图设计和信息媒介物设计。

（1）定置图设计　定置图是对生产现场所在物进行定置，然后被形象显示的图示方法。包括：作业区定置图，仓库、资料室、工具室和计量室等定置图和特殊要求定置图（如工作台面、工具箱内，以及对安全、质量有特殊要求的物品定置图）。对定置图的绘制有如下建议：现场中的所有物均应绘制在图上；定置图绘制以简明、扼要、完整为原则，物形为大概轮廓，尺寸按比例，相对位置要准确，区域划分清晰鲜明；生产现场暂时没有，但已定置并决定制作的物品，也应在图上表示出来，准备清理的无用之物不在图上出现；无论用标准信息符号或自定信息符号标注，均应在图上加以说明；定置图应按定置管理设计的要求绘制，但应随着定置物品增减及关系的变化而进行修改。

（2）信息媒介物设计　信息媒介物设计，包括台账、信息符号、示板图、标牌、电子索引等。各个企业应根据实际情况设计和应用有关信息符号，并纳入定置管理标准。在设计信息符号时，如有国家规定的（如安全、环保、搬运、消防与交通等）应直接采用国家标准。其他符号，企业应根据行业特点、产品特点以及生产特点进行设计。设计符号应简明、形象和美观。

定置示板图是现场定置情况的综合信息标志　标牌是指示定置物所处状态、标志区域、指示定置类型的标志，（包括货架、货柜标牌）以及原材料、在制品、成品标牌等。他们同时又都是实现目视管理的手段。各生产现场、库房、办公室及其他场所都应悬挂示板图和标牌，示板图中内容应与蓝图一致。示板图和标牌的底色宜选用淡色调，图面应清洁、醒目且不易脱落。各类定置物最好分类规定颜色标准。

**三、定置管理的要求**

1. 清除与生产无关物品

生产现场中凡与生产无关的物品，都要清除干净。

2. 按定置图实施定置

各车间、部门都应按照定置图的要求，将生产现场、器具等物品进行分类并给予定位。定置的物品要与图相符，位置要正确，储存物要有盛装器具。可移动物，如推车、电动车等也要定置到适当位置。

3. 放置物品标志牌

标识牌要做到牌、物、图相符，设专人管理，不得随意挪动。以醒目和不妨碍生产操作为原则。

定置管理的一条重要原则就是持之以恒。只有这样，才能巩固定置成果，并使之不断发展。因此，必须建立定置管理的检查、考核制度，依据设计的方案制订检查与考核办法，以实现定置管理长期化、制度化和标准化。

# 第七节　目　视　管　理

## 一、基本概念

目视管理也被称为“看得见的管理”。目视管理就是运用包含以现物、图例、表单、绩效记录、显示器、信号灯和报警器等形式把管理信息清楚“一目了然”地展示出来，作业人员可以便捷、直观地按要求操作的管理。

## 二、目视管理的实施步骤

### 1. 目视管理的策划

（1）信息收集　将所有涉及目视管理的设备、流程和制度（包括操作规程）等信息收集起来，便于分类设计，统筹规划。

（2）分类设计　按不同的种类，如设备类、工艺流程类、操作规程类、安全警示类等进行图示和色彩设计。

（3）策划的基本规则　统一、简约、鲜明、实用、严格

1）统一，即目视管理要实行标准化，消除杂乱现象。

2）简约，即各种视觉显示信号简单、易懂，一目了然。

3）鲜明，即各种视觉显示信号要突出、清晰，位置适宜，现场人员都能看得见、看得清。

4）实用，即注重实际使用效果。

5）严格，即细致制订相关规定（操作性强），并严格执行。

（4）确定目视管理的对象

构成生产现场的全部要素都可能是管理对象，如：服务、产品、半成品、原材料、零配件、设备、工夹具、模具、计量器具、搬运工具、货架、通道、场所、方法、票据、标准、公告物和人等。

（5）目视管理法的常用工具　在目视管理中，作为常用的工具一般有警示灯、显示灯、图表、管理看板、样本、热压标贴、标示牌和各种颜色纸、颜色带和油漆等。

（6）策划中的色彩因素　色彩是现场管理中常用的一种视觉信号，目视管理要求科学、合理、巧妙地运用色彩，并实现统一的标准化管理，不可随意涂抹。这是因为色彩的运用受多种因素制约：

1）技术因素。不同色彩有不同的物理指标，如波长、反射系数等。强光照射的设备，多涂成蓝灰色，是因为其反射系数适度，不会过分刺激眼睛。危险信号多用红色，这既是传统习惯，也是因其穿透力强，信号鲜明的缘故。

2）生理和心理因素。不同色彩会给人以不同的重量感、空间感、冷暖感、软硬感、清洁感等情感效应。例如，高温车间的涂色应以浅蓝、蓝绿、白色等冷色为基调，可给人以清爽舒心之感；低温车间则适宜用红、橙、黄等暖色，使人感觉温暖；热处理设备多用属冷色的铅灰色，能起到降低“心理温度”的作用；家具厂整天看到的是属暖色的木质颜色，木料加工设备则宜涂浅绿色，可缓解操作者被暖色包围所涌起的烦躁之感。从生理上看，长时间受一种或几种杂乱的颜色刺激，会产生视觉疲劳，因此，就要讲究工人休息室的色彩。如纺织工人的休息室宜用暖色；冶炼工人的休息室宜用冷色。这样，有利于消除职业疲劳。

2. 目视管理的实施

推行目视管理法，要防止搞形式主义，一定要从企业实际出发，有重点、有计划地逐步展开。

在下面的内容里，我们截取了现场管理中五个方面的内容（可以是但不限于以下建议项目），并针对这些普遍性的内容，提出了实施建议和具体提示。这里的五项内容和提示是试图给出一些思考的方向和方法，现场管理人员可根据管理实际在五个方面的内容上加以拓展和缩减，并按照目视管理法的原理进行相应的设计。

1）物品管理的目视管理（见表9-2）。

**表9-2 物品管理的目视管理**

| 物品管理内容 | 目视管理法提示 |
|---|---|
| 明确物品的名称及用途 | 分类标志及用颜色区分 |
| 决定物品的放置场所，容易判断 | 采用有颜色的区域线及标志加以区分 |
| 物品的放置方法能保证顺利地进行先入先出 | 将物品用摆放位置（区域）、日期等方式给予标志 |

2）作业管理的目视管理（见表9-3）。

**表9-3 作业管理的目视管理**

| 物品管理内容 | 目视管理法提示 |
|---|---|
| 明确作业计划及操作内容，以便较便利地核查实际进度与计划是否一致 | 设置保养用日历、生产管理显示板、各类看板 |
| 作业及操作按照要求实施，能够清楚地判定是否在正确的实施 | 操作说明、图示，欠缺品和误用品警报装置 |
| 异常情况的早期发现 | 安装异常警报灯 |

3）设备管理的目视管理（见表9-4）。

设备管理的目视管理应是能够正确地、高效率地实施清扫、点检、加油、紧固等日常保养工作，以期达成设备“零”故障目标。

**表9-4 设备管理的目视管理**

| 设备管理内容 | 目视管理法提示 |
|---|---|
| 标志应该进行维持保养的机械、设备部位 | 利用颜色标志，加油标记，管道、阀门的颜色差别管理 |
| 能迅速发现发热异常 | 在电动机、泵上使用温度感应标贴或温度感应油漆 |
| 是否供给、运转正常 | 设置观察窗、小飘带 |
| 标志出监视测量装置的正常值范围、异常范围、管理限界 | 用颜色或醒目标记标志出正常范围（如绿色表示正常范围、红色表示异常） |
| 设备是否按要求的性能、速度在运转 | 设置可显示的周期、速度装置 |

4）品质管理的目视管理（见表9-5）。

**表9-5　品质管理的目视管理**

| 质量管理内容 | 目视管理法提示 |
| --- | --- |
| 防止人为失误导致品质问题 | 合格品与不合格品分区域放置，用颜色加以区分，类似品采用颜色或不同盛器区分 |
| 设备异常的“显露化” | 重要部位贴“品质要点”标贴，明确点检线路，防止点检遗漏 |
| 正确实施点检定修 | 监视测量设备按点检表和操作指示逐项实施定期点检 |

5）安全管理的目视管理（见表9-6）。

**表9-6　安全管理的目视管理**

| 安全管理内容 | 目视管理法提示 |
| --- | --- |
| 注意高低、突起之处 | 使用油漆或荧光色，刺激视觉 |
| 设备的紧急停止按钮设置 | 设置在容易触及的地方，且有醒目标识 |
| 注意车间、仓库内的交叉处 | 设置凸面镜或“临时停止脚印”图案 |
| 危险物的保管、使用严格按照法律规定实施 | 法律的有关规定醒目地标出来 |
| 高压、移动物体、可能碰头及有坠落物 | 用高压图标、黄黑相间油漆或危险标志 |

目视管理法可单独实施，也可与标准化作业和“5S”管理法等一起实施。而且在已经实施了标准转化作业和“5S”管理法的环境里，可以更好地实施目视管理法；同时，目视管理法也是实现标准化作业和“5S”等管理法的重要方式。

3. 目视管理的检查

检查应以策划方案为依据，按规定的标准检查实施内容。如果有异常发生，应做出如下判断并给予处置

1）人为责任。应通过相应手段及时校正，责任人写出不符合原因，更正后再行检查并保留记录。

2）需调整。运行一段时间后，发现原设计不适宜操作或管理，应记录并重新设计。

3）处置建议。除了常用的处置手段外，同样可以参照“红单运动”的做法，促使不符合处进行改进。

4. 管理看板

管理看板是发现问题、解决问题非常有效且直观的手段，是目视管理方法中重要的工具之一。

（1）管理看板的概念　管理看板是管理可视化的一种表现形式，即对管理项目、作业运行等信息的状况一目了然，它力求使管理透明化。通过各种形式，如：标语、现况板、图表和电子屏等把文件上、脑子里或现场等隐藏的信息表示出来，以便任何人都可以及时掌握管理现状和必要的信息，从而能够快速制订并实施应对措施。

按照管理层次划分，一般可以分为公司管理看板、部门车间管理看板、班组管理看板三

类。

（2）管理看板的作用

1）生产任务与完成情况的图表化。现场是协作劳动的场所，因此，凡是需要大家共同完成的任务都应公布于众。计划指标可以定期分解，落实到车间、班组和个人，并列表张贴在墙上；实际完成情况也可以相应地按期公布，并用作图法展示各项计划指标完成中出现的问题和发展的趋势，以促使集体和个人都能按质、按量、按期地完成任务。

2）管理看板的良好影响。管理看板的使用范围非常广，根据工作实际，全面而有效地选用适当的看板形式，可能带来五个方面良好的影响：

①展示改善的过程，促使大家掌握正确的作业方法和技巧。

②明确管理状况，指示生产目标，有利于工作的推进。

③树立企业形象（让客户或其他人员了解公司的管理水平）。

④展示改善成绩，让参与者有成就感、自豪感。

⑤表现现场活力、营造竞争的氛围。

管理看板的内容和格式可根据要求设计成多种，如：工序管理——进度管理板——工作安排管理板（作业管理板）、负荷管理板，进货时间管理、目标管理——班组目标业绩管理板，现货管理——仓库告示板——库存显示板，作业管理——考勤管理板——作业顺序板、人员配置板、更换管理板，设备管理——动力配置图——设备保全日历、保全显示板，品质管理——管理项目，管理基准显示板——异常处理板、不良揭示板，班组事物事务管理——日历箱（交期管理箱）——去向显示板等。

目视管理是现场作业中常用的管理方法，是一种旨在让员工“看得见”的容易理解和接受的管理方法。实施时要重视“管理看板”的运用。

## 能力训练

一、填空题

1. 标准化的目的就是：________、________、________、________。

2. 6$\sigma$ 管理中的缺陷或失误包括产品本身以及产品________、________、________、________、________、________等。

3. 提高企业经济效益有两个方面：一是________、________和________，二是降低________的成本。

4. 6$\sigma$ 管理的一大特点是要创建一流的________，确保企业提高________具备必要的资源。

5. 由于“5S”生产现场管理的方法对__________，__________，__________，__________，______________，____________等多方面都具有重大作用，现已被越来越多的企业推广。

6. 清扫最重要的是________、________、________、________并持之以恒。

7. 将所有涉及目视管理的________、________和________等信息收集起来，便于________，________。

8. 策划的基本规则是________、________、________、________、________。

二、判断题

1. 标准的可操作性非常重要，否则就意味着该标准不具有指导意义。 ( )
2. 培训是大家熟悉、理解，并适应新的工作标准的有效方式。 ( )
3. 整理就是将不同的必需物品分开。 ( )
4. 整理就是简单地把物品排好或放好。 ( )

三、简答题

1. 良好标准的制订要求要满足哪几点？
2. “5 S”是指生产作业现场要坚持哪几个方面的工作？
3. 生产现场定置内容可参考哪些因素？

# 第十章 班组建设

**学习目标**

1. 了解班组岗位责任制和团队精神的建设。
2. 理解班组全员素质、班组文化及班组形象的建设。

班组建设是企业建设的基础，班组建设涉及的内容很多，可以说班组建设是企业建设的缩影，班组建设主要包括班组岗位责任制建设、班组团队精神建设、班组全员素质建设、班组文化建设和班组形象建设等内容。

## 第一节 班组岗位责任制建设

### 一、班组岗位责任制的涵义和内容

1. 班组岗位责任制的涵义

所谓班组岗位责任制，就是把企业的经营目标和任务，按照责、权、利相结合的原则，层层分解落实到班组的各个岗位上。它规定了每个岗位应当干什么、怎么干、什么时间干、应达到什么标准以及如何考核和奖惩。做到事事有人管，人人有专责，办事有标准，工作有检查。它是企业全体职工的活动准则，也是按大生产客观规律办事的一种科学管理制度。

2. 班组岗位责任制的内容

岗位责任制主要包括以下三个方面的内容：

（1）企业目标、任务的分解　按照责、权、利相结合的原则，把企业任务指示层层分解落实到各部门、各基层生产单位以至每个职工。同时，还要把保证指标完成的各项专业管理（如计划、生产、技术、质量、设备、劳动、财务等）在基层单位必须进行的工作，按岗位制订出明确的要求。

（2）企业实行标准化作业　所谓标准化作业，就是把在企业中所从事的日常的、重复性的、有规律的活动，由职工严格按规定的操作顺序和标准，在规定的时间内进行。

企业标准化作业的内容很多，例如某钢铁总厂的标准化作业就有以下八个方面：

1）管理方法标准化。包括管理层次标准化、管理制度标准化、管理业务标准化、管理工具标准化。

2）工作程序标准化。包括生产工艺流程标准化、作业工序标准化、办事程序标准化等。

3）时间系列标准化。包括标准工作时间、岗位工作时间标准等。企业所有工作都可以时间系列来安排，先干什么，重点干什么，结尾干什么等，以便有效地减少空闲时间，提高时间利用率。

4）安全工作标准化。包括事故灾害原因分析、危险预知训练、安全确认、安全诊断等。

5）行为动作标准化。包括作业测定技术、行为动作标准、生产作业中联络语言标准等。

6）标准体系规范化。包括作业标准体系，如产品标准、各种生产技术操作标准等。

7）礼仪环境标准化。包括社交接待标准、环境标准、典礼仪式标准和会议标准等。

8）服装、标志标准化。包括职工形象设计标准、装备标志标准等。

（3）严格考核、奖惩分明　对各单位、各部门直至每一个职工的承担指标和标准化作业的执行情况，实行严格检查考核，并同分配（工资和奖金）挂钩，做到奖惩严明。

以上三个方面内容相结合，就是具有中国特色的企业内部岗位责任制的新体系。由于各企业情况不同，岗位责任制也有不同的具体做法。

**二、岗位责任制的作用**

现代化大生产是由许多人为了共同目标而进行的协作劳动，分工细密，生产具有高度的连续性，技术要求严格，协作关系复杂，必须有统一的经营目标、统一的生产指挥以及统一的作业标准，使生产现场的每项工作都有人干，每个人都有专责。所以，岗位责任制是现代化大生产的客观要求。

岗位责任制是把企业里的所有严密分工的职工有机地组织起来，使环环相扣的各道工序协调起来，保证正常的生产和工作秩序，实现高质量、高效率、低消耗、安全化生产、提高经济效益的必要手段。它使职工队伍在现代化大生产中受到锻炼和改造，提高职工的素质。

**三、岗位责任制的建立**

建立岗位责任制，就是要把岗位责任制的基本内容都完善起来。要把企业的任务目标进行展开，层层分解到各部门、各单位和个人，要有数量、时间和工作的具体要求。为了保证指标的完成，还应按岗位制订出明确的要求和标准，包括工作内容、协作关系和标准等，明确干什么、怎么干和干到什么程度。这样层层分解落实到各部门、各车间、班组和个人的指标，以及相应的工作要求和标准，也就是每个岗位和职工的具体责任。

企业目标只有通过分解变成每个部门、单位和个人的具体目标，才能得以实现。如果没有保证企业统一目标实现的分目标和标准化作业来指导每个人的工作，则随着企业规模越大，人员越多，专业分工越细，发生内耗和浪费的可能性就越大。建立企业内部任务层层分解体系和标准化作业，是全体职工活动的准则和导向，它能使每个人的工作直接或间接地同企业的总目标联系起来，激发职工的主人翁意识，主动发挥自己的才干，按照既定的目标和标准做好本职工作，为实现企业的共同目标贡献力量。

企业内部层层分解的指标（即分目标）是以具体项目和目标值表示的。由于各企业的情况不同，企业目标内容也不一样，但它都是根据企业总方针和总目标层层展开的，即由企业—科室（车间）—职能组（工段）—班组—个人层层展开。各级、各单位根据上一级方针目标的要求，制订本单位的具体目标，从而使企业内部形成一个纵横连结的目标管理体系。

实践证明，企业岗位责任制的建立，把企业的总任务和经营总目标，进行展开，层层分解到各部门、各单位和个人并按岗位制订明确的要求、工作内容和标准。只有从各企业实际出发，激发职工的主人翁责任感，集中群众的智慧和经验，才能建立起既符合客观要求，又能为职工所掌握的岗位责任制，从而获得良好的效果。必须反对少数人闭门造车，然后自上而下单纯依靠行政命令推行的办法，或者是不从本企业实际出发，不顾时间、地点和条件的差别机械地照搬别人的办法。这样，就会束缚职工的积极性，脱离企业实际，使企业岗位责任制的建立流于形式。

### 四、岗位责任制的落实

岗位责任制建立起来以后，还必须抓好岗位责任制的落实。岗位责任制的落实，贵在坚持，在实施中要解决好以下问题：

1. 实行责、权、利相结合

确定岗位的任务指标以及技术、业务工作和协作的要求与标准，也就是确定了每个岗位和职工的责任。为了保证其责任的实现，必须从上到下实行权力下放，授予岗位人员履行责任所必需的权限。并将职工实施岗位责任制的情况同其自身利益结合起来，从激励和制约两个方面强化人的管理，发挥人的潜能。实行职工的报酬与其贡献挂钩，应对各部门、各单位直至个人的任务指标和工作要求，按照规定的考核标准和办法实行逐级考核，作为个人按劳分配的依据，使职工的报酬与其贡献挂钩。

2. 严格按标准制度管理

坚持在制度面前人人平等，尤其是领导应以身作则。

为了把岗位责任制的执行情况同职工个人利益结合起来，必须建立严格的考核制度。在考核制度中，要明确规定考核指标或项目、被考核的部门或个人、主持考核的部门和考核办法。考核项目应尽可能定量化，对于管理中定性的考核项目也应通过打分等方法转化为定量计算。

3. 加强思想教育同能力开发相结合

思想和能力是岗位责任制的灵魂和支柱。岗位责任制的实施必须研究人的思想活动规律，加强深入细致的思想工作，同时要搞好职工的能力开发。

职工执行岗位责任制的高度责任心和优良作风的培养，主要靠深入细致的思想政治工作。好作风是在同坏作风和旧习惯势力的斗争中培养起来的。必须反对“马虎、凑合、满不在乎”的坏作风，坚持从日常的、大量的、细小的事情抓起，坚持高标准和严要求。

另外，对职工不断进行培训和能力提升是提高产品质量、提高劳动生产率、提高管理水平的重要前提。职工能力提升的内容有：文化知识的培训，经验、技能的培养，以及体质、灵敏性的培训等。

4. 开展“评、比、选、树活动”

岗位责任制的实施，必须开展经常性的检查、评比活动，做到及时发现问题，及时解决问题。同时开展树标兵、选模范、表扬先进的活动，激发职工的主人翁荣誉感和积极性。为此，必须制订有关标准，作为开展“评、比、选、树活动”的依据。

## 第二节 班组团队和团队精神建设

### 一、团队

团队可定义为在一个特定的工作环境中，为了达到某一目标而组成的单个组织。一个团队是一些技能、知识乃至气质上互补的人员，为了达到一个相同的目标而一起工作、共同担负责任的一种小型群体。

班组就是企业中最基础的团队，企业的团队精神，必须通过班组的团队精神体现出来，所以班组团队精神建设至关重要。

团队精神建设起源于20世纪60年代，主要是以质量管理和质量控制小组的形式出现。团队建设对提高生产效率和产品质量起到了很大的作用。使整个企业管理界重视这一问题，团队建设思想在世界企业界推广。

**二、团队建设**

从班组从团队的性质来讲，属于工作实施性团队，这类团队是一个功能群体，他们要完成不断进行着和发展着的任务，如市场销售或加工制造等，故被认为是长久任务群体，即他们的运作没有解散团队的时间制约。这类团队的成员必须有很融洽的长期工作关系和良好的操作系统，同时需要团队外部的支持，以便在较长时间内高效率运作。

为了使团队能很好的发挥作用，团队建设工作就势在必行。

在团队建设这一过程中，团队成员首先必须明确对所要完成的任务负有共同的义务和责任。这种共同的责任和义务不仅仅是简单的口头承诺或书面约定，而且要使团队的每一个成员深切感受并清楚地意识到，必须要以团队的方式工作，以共同的价值观进一步发挥和利用各自不同的技术、技能来完成共同的目标。

其次，团队的目标不是自然而然实现的，需要团队的成员和领导努力工作，积极创造条件才能完成。在新的团队形成时，必须接受早期阶段的挑战，而当群体逐渐成熟时，大多数团队都会面临团队工作的开展难以深入的问题，这时“团队建设”就起到重要作用。所以，团队建设也可定义为一系列有计划的设计和行动，通过收集和分析群体共同得到的各种数据和信息，创造团队精神，修改设计，改进团队工作，增加团队的特性和功能，实现团队的目标。

团队建设的一般步骤如下：

1）团队内部或外部的成员发现团队存在的问题和可能的发展。

2）团队成员一起收集与问题有关的数据。

3）团队成员一起分析数据及改进计划。

4）团队成员一起完成具体行动的计划。

5）团队成员一起监督实施过程，估算结果，进一步采取必要的行动。

6）团队成员一起工作，常重复这一过程，使团队不断前进。

可以把整个团队建设过程看作不断协调的过程，特别强调通过“团队成员在一起工作”来完成各项团队建设任务。通过这一过程，达到人人参与的目的，同时也就担负起对整个团队的责任，执行共同作出的决定。

**三、创造团队精神**

创造和维持一个高效的团队是一项挑战性任务。团队的首要任务是完成工作计划，但在团队建设的过程中，除了这一目标以外，还必须达到如下的目标：

（1）创造团队精神　一个团队是否高效就看这个团队有没有团队精神，以及是怎样一种团队精神。

（2）阐明指导成员行为的价值观　正确的价值观将指导和规范团队成员的观念和行为，使一个团队能抵御外界的影响。团队建设实际是一种鉴别不同的价值观、确立正确的价值观、使团队成员承担义务和责任的方法。

（3）善于将总体目标扩展成具体目标　这种具体目标的存在，帮助团队区别个人的努力和团队的作用，有利于明确问题的焦点和解决矛盾。同时，它还建立了一个标准，可以用来检测工作结果并获得执行情况的反馈。

（4）改进和发展个人和群体的各种技能　有三种类型的技能是群体有效性的关键：技术技能、解决问题和作出决策的技能、人际关系技能。团队建设的一个重要任务就是在新形成的团队中正确评价这些技能，并在工作中最大限度地运用它们。

（5）在完成任务中增强创造性　在如今竞争水平高速发展的环境中，任何团队必须具备这样一种能力，就是在解决问题中创造和不断探索各种可能性。

**四、精神建设的重点**

1. 凝聚力

凝聚力是指一个群体中的成员相互吸引和关系密切的程度。团队凝聚力实际上就是团队成员服从协调于团队规范的延伸，也就是吸引团队成员和激励其成员的程度。

在凝聚力较强的团队中，每个成员都重视团队的其他成员，并且努力维护与其他成员之间的互助关系。由于团队的吸引力大，成员就会积极去适应它，接受它的各种规范和大多数成员所公认的准则，以保持与其他成员的亲密和谐的关系。比如：在团队讨论工作计划或存在的问题时，因目标和价值观比较相近，团队的成员意见更易达成一致，团队较强的凝聚力使成员因不愿冒被团队排斥的风险，而放弃自己的意见，表现出从众的倾向。

有凝聚力的团队对其成员是有好处的。在团队的活动中，能更趋于积极、奋发向上，对团队有信任感和依靠感。胜利时同欢乐，失败时共遗憾。与缺乏凝聚力的团队成员相比，凝聚力强的团队通常有较稳定的成员并培养了相互忠诚的感情。这种相互尊重、高度自尊的感情，满足了团队成员心里上的安全感和一系列个人需求。

2. 凝聚力对工作的影响

凝聚力强的团队对于完成工作任务或提高生产率来说，可能有正面影响，但也可能有负面影响。因为团队凝聚力与工作绩效，解答了团队凝聚力及团队工作规范对完成工作任务的影响。当工作规范对于所要完成的任务来说是积极的，那么，在一个齐心协力的团队中，对规范和标准有很高的一致性，这对完成工作任务是十分有益的。

## 第三节　班组全员素质建设

班组全员素质建设是企业人力资源开发的重要基础性工作，也是现代企业管理以人为本的管理思想的具体体现。班组全员素质建设包括全员思想素质建设、全员技术素质建设和全员身体素质建设三个方面。

**一、班组全员思想素质建设**

班组全员思想素质建设是企业全员思想素质建设的重要组成部分。班组全员思想素质建设的内容，不但包括企业全员思想素质建设的共性内容，还具有班组全员思想素质建设的特殊内容。根据班组的性质，其全员思想素质建设重点体现在如下几个方面：

1）培养良好的职业道德。

2）培养遵纪守法的思想观念。

3）养成良好的日常礼仪习惯。

## 二、班组全员技术素质建设

班组全员技术素质建设是班组全员素质建设的核心内容，不断完善和提高班组全员技术素质是企业生产发展对班组全员素质建设的根本要求，是保证班组全员自身发展的必备条件，是增强企业竞争力的最重要的基础性建设。其全员技术素质建设重点在如下几个方面：

1）学习技术工人生产技术基本素养。

2）提高岗位技能水平。

3）培养岗位间生产协作能力。

## 三、班组全员身体素质建设

班组全员身体素质建设是班组全员素质建设的重要内容，是班组生产能力的基本保证。班组全员身体素质好，就有条件做到精力充沛、精神饱满地进行生产劳动，减少安全隐患，保证加工质量。

# 第四节　班组文化建设

企业文化又称公司文化，是一种新兴的企业建设的思想和理论，目前世界很多先进的现代化企业积极推进这方面建设，并取得了显著的成效。

## 一、企业文化概念

每个人都存在着区别于他人的某些特征，心理学家称之为“个性”。人的个性是一系列相对持久稳定的特性组成的。一个企业也同样有自己的个性，我们把这种个性称之为企业文化。

优秀的企业文化，将极大地促进企业的发展，反之则削弱企业的组织功能。世界500强胜出其他公司的根本原因，就在于这些公司善于给他们的企业文化注入活力。企业文化总是随着企业和社会文化的发展而不断发展，因此，企业文化的建设是企业的永恒主题。

企业文化有广义和狭义两种内涵。

从广义上讲，企业文化是社会文化的一个子系统，是一种亚文化。企业文化通过企业生产经营的物质基础和生产经营的产品及服务，不仅反映出企业的生产经营特色、组织特色和管理特色等，更反映出企业在生产经营活动中的战略目标、群体意识、价值观念和行为规范，它既是了解社会文明程度的一个窗口，又是社会当代文化的生长点。

从狭义上讲，企业文化体现为人本管理理论的最高层次。企业文化重视人的因素，强调精神文化的力量，希望用一种无形的文化力量形成一种行为准则、价值观念和道德规范，凝聚企业员工的归属感、积极性和创造性，引导企业员工为企业和社会的发展而努力，并通过各种渠道对社会文化的大环境产生作用。

从而，我们可以对企业文化作如下定义：企业文化是以企业管理哲学和企业精神为核心，凝聚企业员工归属感、积极性和创造性的人本管理理论；同时，它又是受社会文化影响和制约的，以企业规章制度和物质现象为载体的一种经济文化。

## 二、企业文化内涵

### 1. 企业的精神文化

企业的精神文化是用以指导企业开展生产经营活动的各种行为规范、群体意识和价值观念，是以企业精神为核心的价值体系。

企业精神是企业价值观的核心，是企业广大员工在长期的生产经营活动中逐步形成，并经过有意识的概括、总结、提炼而得到的思想成果和精神力量。

企业精神这一概念的自身就是把企业人格化了，它集中体现了一个企业独特、鲜明的经营思想和个性风格，反映着企业的信念和追求，也是企业群体意识的集中体现。

价值观念是指企业员工对组织的生产经营和企业中人的行为是否有价值以及价值大小的总体看法。它包括企业存在的意义和目的、企业各项规章制度的价值和作用、企业中人的各种行为与企业利益的关系等。

道德规范是所有企业成员自觉遵守的行为准则和道德风气、习俗。它包括是非界限、善恶标准和荣辱观念等。道德规范的形成主要取决于企业精神和价值观念的作用。良好的道德规范主要表现为尊重知识、尊重人才、友好相处、自觉工作、与企业共命运等。

2. 企业制度文化

企业制度文化是由企业的法律形态、组织形态和管理形态构成的外显文化，它是企业文化的中坚和桥梁，把企业文化中的物质文化和精神文化有机地结合成一个整体。企业的制度文化一般包括企业法规、企业的经营制度和企业的管理制度。

3. 企业行为文化

企业行为文化是指企业员工在生产经营、学习娱乐中产生的活动文化。它包括企业经营、教育宣传、人际关系活动以及文娱体育活动中产生的文化现象。它是企业经营作风、精神面貌和人际关系的动态体现，也是企业精神、企业价值观的折射。

从人员结构上划分，企业行为中又包括企业家的行为、企业模范人物的行为和企业员工的行为等。

经营管理行为，诸如“质量第一”为核心的生产活动，“顾客至上”为宗旨的营销活动，“建立良好人际关系”为目标的公共关系活动，都是企业哲学、价值观念、道德规范等的具体实施和直接体现，属于企业文化的内容。

4. 企业物质文化

企业文化作为社会文化的一个子系统，其显著的特点是以物质为载体，物质文化是它的外部表现形式。优秀的企业文化是通过重视产品的开发、服务的质量、产品的信誉和企业生产环境、生活环境、文化设施等物质现象来体现的。

企业文化不仅体现在产品服务以及技术进步这些物质载体上，还通过厂区建设，包括生产环境的改造、生活设施、文化设施等诸多方面来体现企业的物质文化。

**三、企业文化的作用**

1）它起着分界线的作用，即它使不同的组织相互区别开来。

2）它表达了组织成员对组织的一种认同感，即具有凝聚的功能。

3）它使组织成员不仅仅注重自我利益，更考虑到组织利益，即具有目标导向的功能。

4）它有助于增强社会系统的稳定性。文化是一种社会黏合剂，它通过为组织成员提供言行举止的标准，而把整个组织聚合起来，即具有融合的功能。

5）文化作为一种意义形成和控制机制，能够引导和塑造员工的态度和行为，即具有约束和激励功能。

企业文化对于员工行为的影响作用似乎越来越重要。现代企业渐渐拓宽了控制跨度，使组织结构趋于扁平，引入了工作团队，降低了正规化程度，授予员工更大的权力，这些都要求一种企业文化提供共同的价值观体系，从而保证组织中的每个人都朝同个一方向努力。

**四、班组文化建设的重点**

班组文化建设是企业文化建设的基础，班组文化建设必须服从服务于企业文化建设的需要，班组文化建设也可以讲是班组的企业文化建设，或者说是企业文化建设在班组的具体化和实效化。

1）班组文化建设要正确理解企业文化建设的内涵，把握企业文化建设思想的核心。

2）班组成员要深入理解企业精神内涵，自觉体现企业精神，爱厂爱业，厂兴我荣，把企业的精神文化建设落实到基层。

3）学习企业制度文化的建设体系，自觉严格遵守相关的规章制度。

4）模范执行企业员工的行为准则，具体体现企业行为文化建设要求。

5）爱护企业的一草一物，身体力行做好企业物质文化建设。

## 第五节　班组形象建设

班组形象建设是企业形象建设的具体化，是一种新的现代企业建设的理念，班组形象，也可称之为企业班组识别。

**一、企业形象的概念**

形象是能引起人的思想或感情活动的具体形状和姿态，一般讲形象应该是外在的可视的，可以具体感知的。那么我们可以认为企业形象是企业的建设、企业的产品、企业的服务、企业的人员行为等可感知的众多因素在社会公众中产生的总体印象。

企业形象是企业素质的综合体现，是企业文化的外在反映。众多企业形象建设的实践证明，树立良好的企业形象，对提高企业的社会知名度，创建企业品牌，增强企业核心能力、竞争能力，提高企业的经济效益等方面都具有极其重要的作用。良好的企业形象可增强企业员工的向心力、凝聚力和自豪感，从而提高企业员工的工作热情，也利于企业吸引更多高素质的人才。

**二、企业形象的构成要素**

企业形象的构成要素，一般可概括为企业的有形要素、无形要素和企业员工三大类，企业的有形要素主要包括企业的产品、技术装备、内外环境、产品广告、包装等内容；无形要素主要包括企业经营理念、企业精神、企业管理的规章制度、企业信誉等内容；企业员工包括员工的文化素质和技术水平、职业道德、精神风貌、言谈举止等内容。上述诸要素构成了企业的整体形象。其中影响企业形象的主要要素有以下几个方面。

1. 产品形象

产品形象是企业形象的代表，也是企业形象的基础。社会公众主要是通过企业产品的质量、性能、品种、规格、造型、设计、商标、包装和价格等内容来了解和认识企业的，企业也是依靠向社会提供性能良好、外形美观的产品和提供优质服务来塑造良好形象的。因此，产品形象是企业形象的物质基础，产品形象的好坏直接影响着企业形象的好坏。质量优良的产品会给公众留下良好的企业形象，良好的企业形象才能得到社会公众的好感和信赖。

2. 服务形象

服务形象是通过企业及其员工在产品售前、售后和技术服务过程中所表现的服务态度、服务形式、服务质量以及由此引起消费者和社会公众的客观评价而树立的。企业服务方式越广泛、服务态度越好，社会公众对企业的亲切感，信任感就越强。因此，在市场经济中，强化服务，以精湛地道的服务取胜，不失为在激烈竞争中塑造企业良好形象的关键一招。

3. 环境形象

环境形象是指企业的生产环境、销售环境、办公环境、厂房建筑和厂区各种设施等。环境形象地反映着企业的经济实力、管理水平和精神风貌，是企业向社会公众展示自已的重要窗口。特别是生产和销售部门环境的布局、造型、设计、色彩及各种装饰等，都直接关系到企业的环境形象。加强“三废”治理，减少环境污染，注意生态平衡，对提高企业知名度和信赖度有着直接的影响。

4. 员工形象

员工形象不仅包括企业员工的装束仪表、言谈举止、工作态度、进取心、服务态度和团结互助精神等，而且还包括员工良好的价值观念、科学发展观和道德行为。企业是员工的集合体，员工的言行也将直接影响企业的形象，同时员工形象是决定企业形象的能动力量。员工形象好，可以强化企业的凝聚力和竞争力，为企业长期稳定发展打下牢固的基础。

5. 企业家形象

企业家在企业形象的形成中处于核心和关键地位。企业的成败、兴衰与企业家素质高低、审时度势和应变能力、敬业和信息灵通程度及组织指挥能力等有着密切关系。在企业形象的塑造过程中，企业家应不断完善和提高自身形象。努力成为员工的楷模，因为企业家形象既影响社会公众对企业的评价，又影响企业自身的声誉和形象等。

企业形象是企业的一项重要的无形资产，因为它代表着企业的信誉、产品的质量和员工的素质，影响着股票价格的涨跌等。它与企业的人力、财力与物力处于同等地位，被称为企业形象力或第四种资源。

## 三、企业形象的塑造

1. 塑造企业形象的目的

塑造良好的企业形象就是为了得到社会公众对企业的好感和信赖。如果得不到社会公众的信赖和好感，我们就说这家企业形象不好。企业形象反映着社会公众对企业的认可程度，体现了企业的声誉和知名度。因此，塑造企业形象的目的就是要提高企业在社会上的知名度、印象度和美誉度，从而增强企业在市场中的竞争能力。

2. 塑造企业形象的方法

竞争是市场经济的主旋律，企业要在市场竞争中领先同行，就必须与众不同，在社会公众面前塑造独树一帜的全新形象。那么靠什么塑造企业形象呢？要靠高知名度的声誉、高含金量的品牌、高附加值的产品、高质量的品质、高水准的服务、高素质的员工和高效率的管理等。塑造良好企业形象的主要方法有：

（1）进行知信度投资　企业知信度是指企业在社会公众的知晓程度和信任程度，以及由此产生的知信效应。知信度投资，就是企业在创建品牌、提高产品质量、新产品开发、科技进步、发明创造、人才培养、售后服务和回报社会等方面舍得下功夫、花本钱。

（2）注重社会效益　在企业生产经营活动中，对社会效益产生影响的主要因素有：第一，生产卫生，企业所销售的产品应符合国家规定的卫生标准，不得损害消费者的身体健康；第二，生态平衡，企业在生产经营活动中，应当主动承担起保护环境的社会责任。因为工业发展的消极后果，就是环境污染，这会破坏生态平衡，破坏社会资源；第三，资源消耗，社会效益要求企业在生产经营活动中，能充分利用有限的社会资源生产出更多能满足社会需要的产品；第四，精神健康，企业的生产经营活动要逐渐与社会文化融合起来，有利于精神文明建设，也就是说，企业应文明经商，不能给社会造成精神污染；第五，赞助社会公共事业和公益活动，充分显示企业“回报社会、受益公众”的责任感和使命感。总之，企业通过注重社会效益，以造福人类、保护环境以及保持生态平衡等来树立良好的企业形象，这必然给企业经营带来深远的影响。

（3）开展传播活动　它是通过传播媒介，向社会公众传播企业形象的方法。企业形象的传播应遵循经济性、科学性、真实性和艺术性原则。经济性是指如何以最少的投入获得满意的传播效果，杜绝浪费。科学性要求在整个传播过程中以科学规律作为行动指南。真实性要求必须以事实为依据，以实事求是的态度对企业形象进行传播。艺术性强调在与公众的双向沟通过程中，将企业信息化作为一种美的艺术，从而使公众对企业产生好感与共鸣。企业形象传播的途径主要有新闻传播（电台、电视、报刊等）、广告传播、公共活动（赞助活动、庆典活动、社会公益活动、竞赛活动、参观活动等）、实物传播（产品展览、橱窗陈列、图片展示、模型展示等）。

**四、企业形象战略的构成**

企业形象战略又称企业识别系统，它由三大要素构成，即理念识别、行为识别和视觉识别。

（1）理念识别　企业的理念是指经营企业的指导思想，它是由企业的价值观念、企业精神、企业信仰、企业目标、经营方针以及企业风格等方面内容组成的。企业经营理念是企业的灵魂，企业的成功也来自成功的理念。企业只有在正确的经营理念指导下，才能有效地实现企业经营宗旨、经营目标和发展战略，才能使企业员工形成一个整体，并为之奋斗，才能使企业保持良好的形象。所以说，确立企业经营理念，是塑造企业形象的开端，也是实施企业形象战略的第一步。

（2）行为识别　行为识别又称活动识别。它是企业理念精神及其经营价值观念的动态化体现。企业在对内和对外的各种沟通中所表达的行为识别，是塑造企业形象和实施企业形象战略的主要支柱。企业行为识别分为两部分：一是对内部，包括员工教育、领导培训、设备更新、新品开发、生产环境治理、福利实施、文明礼貌规范与未来发展前景等；二是对外部，包括市场调研、公共关系、促销活动、售后服务、公益性事业、广告活动、各种展示活动与慈善活动等。在这些企业行为中，要具体体现企业理念，从而在企业内部提高全体员工的凝聚力和积极进取精神，在社会公众或消费者中树立起良好的企业形象。

（3）视觉识别　视觉识别是对企业理念的静态表现，也是对企业形象的直观表现。企业的视觉识别传达，就是把抽象的企业理念形象化、视觉化，也就是把企业名称、企业商标、品牌、标志、企业色彩、企业象征图案、企业专用印刷字体以及企业口号、符号、吉祥物等，以规范统一的视觉来表现，将企业富有个性的形象，具体简明、生动地展示出来，给消费者和社会公众心目中留下深刻的视觉印象，从而加深对本企业的了解和认识，产生对企业的信赖和好感。

企业的理念识别是内在的、无形的，企业行为识别是动态的、转瞬即逝的，因而需要借助看得见的、静态的视觉符号把企业理念和行为识别传递给社会公众。视觉识别符号能固定在产品和各种视觉传媒上，具有能长期的、反复传播的特点。所以，视觉传达被称作企业通向公众眼睛的桥梁。在国外，人们把企业识别系统视为一棵大树，企业理念识别是树的根，行为识别是树的枝，视觉识别是树的叶，三者是密不可分的整体。

**五、班组形象是企业形象的重要基础**

企业形象的构成要素：产品形象、环境形象、服务形象和员工形象都与班组的管理工作有着密切的关系。企业的产品形象主要是产品的质量，产品的质量主要依靠班组的质量管理来保证；企业的环境形象有外部环境与生产环境之分，其外部环境依靠企业员工来保护，生产环境主要依靠班组成员来创造；企业的服务形象主要依靠服务型班组的成员来树立；企业的员工形象也必须通过班组成员的形象来体现。由此可见，班组的形象建设是企业形象建设的重要基础，所以班组的形象管理也是班组管理的重要内容，班组的形象管理在现代企业管理中尤为重要。

## 能力训练

一、填空题

1. 班组建设主要包括____________、____________、____________、____________和____________等内容。

2. 岗位责任制使职工队伍在现代化大生产实践中受到________和________，提高职工的________。

3. 企业目标只有通过分解变成每个________、________和________的具体目标，才能得以实现。

4. ________和________是岗位责任制的灵魂和支柱。

5. 团队成员首先必须明确对所要完成的任务负有共同的________和________。

6. 凝聚力是指一个群体中的成员____________和____________的程度。

7. 班组全员素质建设包括____________建设、____________建设和____________建设三个方面。

8. 价值观念是指企业员工对组织的____________和企业中人的____________是否有价值以及价值大小的总体看法。

9. 企业形象是企业素质的____________，是企业文化的____________。

10. 企业形象的构成要素，一般可概括为企业的____________、____________和____________三大类。

二、判断题

1. 坚持在制度面前人人平等，尤其是职工要起到带头作用。 （ ）

2. 职工执行岗位责任要制坚持从日常的、大量的、细小的事情抓起，坚持高标准和严要求。 （ ）

3. 团队成员要单独分析数据及改进计划。 ( )

4. 凝聚力强的团队对于完成工作任务或提高生产效率来说，有很大的正面影响。 ( )

三、简答题

1. 岗位责任制主要包括哪几方面的内容？

2. 团队建设的一般步骤可分为哪几步？

3. 企业文化的作用是什么？

# 参 考 文 献

[1] 胡凡启. 现代企业车间和班组管理 [M]. 北京：中国水利水电出版社，2008.
[2] 李飞龙，张岩，蒋勇. 现代企业班组长 [M]. 北京：中国劳动社会保障出版社，2006.
[3] 王中义. 企业文化与企业宣传 [M]. 北京：北京大学出版社，2008.
[4] 单凤儒. 企业管理 [M]. 北京：高等教育出版社，2004.
[5] 班组安全 100 丛书编委会. 生产班组 100 个安全话题 [M]. 北京：中国劳动社会保障出版社，2011.
[6] 班组安全 100 丛书编委会. 生产班组 100 个安全知识点 [M]. 北京：中国劳动社会保障出版社，2011.

# 读者信息反馈表

感谢您购买《现代企业班组管理基础》一书。为了更好地为您服务，有针对性地为您提供图书信息，方便您选购合适图书，我们希望了解您的需求和对我们教材的意见和建议，愿这小小的表格为我们架起一座沟通的桥梁。

<table>
<tr><td>姓　名</td><td></td><td>所在单位名称</td><td colspan="2"></td></tr>
<tr><td>性　别</td><td></td><td>所从事工作(或专业)</td><td colspan="2"></td></tr>
<tr><td>电子邮件</td><td colspan="2"></td><td>移动电话</td><td></td></tr>
<tr><td>办公电话</td><td colspan="2"></td><td>邮　编</td><td></td></tr>
<tr><td>通信地址</td><td colspan="4"></td></tr>
<tr><td colspan="5">1. 您选择图书时主要考虑的因素：(在相应项前面打“✓”)<br>(　　) 出版社 (　　) 内容 (　　) 价格 (　　) 封面设计 (　　)其他<br>2. 您选择我们图书的途径（在相应项前面打“✓”）<br>(　　) 书目 (　　) 书店 (　　) 网站 (　　) 朋友推介 (　　)其他</td></tr>
<tr><td colspan="5">希望我们与您经常保持联系的方式：<br>☐ 电子邮件信息　☐ 定期邮寄书目<br>☐ 通过编辑联络　☐ 定期电话咨询</td></tr>
<tr><td colspan="5">您关注（或需要）哪些类图书和教材：</td></tr>
<tr><td colspan="5">您对我社图书出版有哪些意见和建议（可从内容、质量、设计、需求等方面谈）：</td></tr>
<tr><td colspan="5">您今后是否准备出版相应的教材、图书或专著（请写出出版的专业方向、准备出版的时间、出版社的选择等）：</td></tr>
</table>

非常感谢您能抽出宝贵的时间完成这张调查表的填写并回寄给我们，我们愿以真诚的服务回报您对机械工业出版社技能教育分社的关心和支持。

请联系我们——

通信地址　北京市西城区百万庄大街 22 号　机械工业出版社技能教育分社

邮政编码　100037

社长电话　(010) 8837-9083　8837-9080　6832-9397（带传真）

电子邮件　cmpjjj@ vip. 163. com